学术顾问：李学勤

罗哲文　俞伟超　曾宪通　彭卿云

大清已成历史

李　默／主编

中华文明是人类历史上最伟大的文明之一，是人类文明发展的主要构成。中华文明丰富、深刻、辉煌、博大，在人类文明中的骨干作用和领导作用人所共知。在人类文明的发源时期，中华文明就是四大古文明之一，是地球上文化的策源地之一。

广东旅游出版社
GUANGDONG TRAVEL & TOURISM PRESS
悦读书·悦旅行·悦享人生

中国·广州

图书在版编目（CIP）数据

大清已成历史 / 李默主编 . — 广州 : 广东旅游出版社 , 2013.1（2024.8 重印）
ISBN 978-7-80766-463-5

Ⅰ.①大… Ⅱ.①李… Ⅲ.①中国历史—清代—通俗读物 Ⅳ.① K249.09

中国版本图书馆 CIP 数据核字 (2012) 第 296802 号

出 版 人：刘志松
总 策 划：李　默
责任编辑：张晶晶　梁诗淇
装帧设计：盛世书香工作室　腾飞文化
责任校对：李瑞苑
责任技编：冼志良

大清已成历史
DA QING YI CHENG LI SHI

广东旅游出版社出版发行

（广东省广州市荔湾区沙面北街 71 号首、二层）
邮编：510130
电话：020-87347732（总编室）020-87348887（销售热线）
投稿邮箱：2026542779@qq.com
印刷：三河市嵩川印刷有限公司
　　　（河北省廊坊市三河市杨庄镇肖庄子村）
开本：650×920mm　16 开
字数：105 千字
印张：10
版次：2013 年 1 月第 1 版
印次：2024 年 8 月第 3 次印刷
定价：45.80 元

出版者识

　　《话说中华文明》是一部全景式图文并茂记录中国文明历史的大书。出版者穷数年之力，会集各方力量——专家、学者、编辑、学术顾问们，在浩如烟海的历史档案、资料、著作中，探珍问宝，追寻中华文明在悠悠历史长河中的灿烂之光。此书的出版，凝聚了编撰者的心血，学术顾问们的智慧。尤其是李学勤先生，亲自动笔写下了序言，更增加了本书沉甸甸的分量。

　　中华文明的历史充满了辉煌与苦难，成就和挫折。它的历史无处不在，决定着我们中国人今天的思想和感情。当今的中国和中国人是中华文明的历史造就的，是中华文明的历史的延伸，也是它的一个组成部分，中华文明的历史之河奔流到现在。

　　中华文明是人类历史上最伟大的文明之一，是人类文明发展的主要构成。中华文明丰富、深刻、辉煌、博大，在人类文明中的骨干作用和领导作用人所共知。在人类文明的发源时期，中国就是四大古国之一，是地球上文化的策源地之一。在人类文明的早期，中华文明成为文明在东方的支柱，公元前后200年间，人类的汉帝国与罗马帝国这两只铁手攫住了地球。在欧洲进入中世纪的时候，中华文明更成为人类文明最主要的领导，它的文明统治东亚，传遍世界。进入近代，中华文明处于自身的重压和西方的欺凌下，但中国人民的斗争史和奋起精神是人类文明历史中不可缺少的一页。

　　五千年的中华文明为人类贡献出了从思想家孔子到科学技术的四大发明、从唐诗宋词到长城运河的伟大创造，贡献出了从诸子百家到宋明理学，从商周铜器到明清文学的深刻内涵，也贡献出了从五霸七强到三国纷争、从文景之治到十大武功的辉煌历史。中华文明的历史绚烂多彩，在人类文明的历史长河中永放光芒。

　　中华文明也是人类历史上最独特的文明，没有哪一个文明像中华文明这样持久，这样统一一致。世界上其他文明不但互相交错，其创造者也都与高加索体质的人种有关，它们是姐妹文明。在人类历史中，只有中华文明才是独特的，它的创造者是中国土地上的中国人民，与其他任何地方的人民都没有关系，它的文化是统一一致的文化，可以不依赖于其他任何文明而生存，但中华文明也绝不是封闭的，它接受他人的文化，也承担自己对于人类的责任。

　　人类进入新世纪，中国的社会经济发展令世人瞩目。人们对于世界未来的政治和经济结构的估计无不以东亚和太平洋为中心，而尤以中国为重点。

　　经济起飞只是当代中国的一个方面，中国的精神文明的建设尤为刻不容缓。如果中国要自觉地发展中华文明，要有意识地使中国的发展具有世界意义，就必须发展强有力的精神文化，这样才能使中华文明的发展进入一个新的阶段，才能形成中国和中华文明的全面现代化。

而中国的精神文化的发展植根于中华文明的伟大传统之中。进入近代之后，在西方文化的冲击下，对于中国文化的价值产生大量的情绪化和激烈冲突的论调。"五四"运动打倒孔家店的口号具有冲破封建束缚的时代意义，对中国文化的发展有不容否认的正面意义，与文化虚无主义是完全不同的。文化虚无主义者否定中国传统文化，在现代化的旗帜下主张全盘西化；而复古主义则沉迷于中国文化的古董，走进反进步、反科学的泥潭。

历史的发展则超越了所有这些论点，产生这些论调的一百多年来的中国近代史已经结束。历史要求中国发展，要求中国走在全世界发展的前列。西化论和复古论都已过时，历史已经要求世界超越西方，中国可以承担起世界的命运，而中国的现实和世界的历史都说明，中国的使命在于它的发展前进，而非倒退。

中华文明走出迷惘的时代，我们这一代处在一个伟大而具有挑战的历史阶段。

总结历史、展望未来，这就是《话说中华文明》的意义和使命。我们创作《话说中华文明》，力求总结和回顾中华文明的全貌，在内容和形式上都开创一个新的局面。在内容结构上，既具有一定的深度，又具有相当的广博性，既有严谨、准确的学术价值，又有活泼、流畅的可读性。我们在本丛书内容纳了中华文明的各个方面，使它综合了大规模学术著作的系统性、严密性和普及读物的全面性、简易性，它既可作为大型工具书检索中华文明的各个成分，又可作为通俗的读物进行浏览。

我们从上世纪 90 年代初起就开始思考中华文明的历史和现实问题，并逐渐形成了编著《话说中华文明》的设想。在开展这项庞大的文化工程之始，我们就聘请了国内权威学者李学勤、罗哲文、俞伟超、曾宪通、彭卿云诸先生担任学术顾问，他们对计划作了充分讨论，并审阅了大量初稿。我们聘请了广州、香港地区的社会科学学者、大学教师、研究生以及我社编辑人员几十人担任稿件的撰写工作。

通过创作这部书，我们深深地感受到了中华文明的博大精深，也感受到了它的内在缺陷。中华文明具有辉煌的时期，也有苦难的年代，有它灿烂的成就，也有其不足的方面。中华文明在自身中能够吸取充分的经验和教训，就能够使自身健康壮大，成长发展。

通过创作这部书，我们也深深感受到了出版事业的使命和重任。我们希望这部书能得到广大读者的喜爱，起到它所应当起的作用。为中华文明的反省、前进和奋起作一点贡献。

目 录

清朝

康有为公车上书

　　光绪二十一年（1895）四月，康有为联合上京会试举人，联名上书光绪帝，这是历史上著名的"公车上书"。

　　甲午战败，清政府被迫与日本签订了丧权辱国的《马关条约》，激起了广大人民的强烈反对。空前严重的民族危机，也刺激爱国知识分子干预国事，要求维新变法，拯救国家。四月八日，康有为联合在京参加会试的举人1300多人在松筠庵集会，联名上书光绪帝，痛陈割地弃民的严重后果，指出割让台湾将失去全国民心，力主拒绝和议，明定对策。

　　上书提出了四项解决办法：一、下诏鼓天下之气；二、迁都定天下之本；三、练兵强天下之势；四、变法成天下之治。康有为指出前3项还只是权宜应敌之策，第4项才是立国自强的根本大计。

　　过去举人坐公车，所以这次举人的联名上书被称为"公车上书"。

　　"公车上书"原名为《上皇帝书》，由康有为连夜起草，长达14000多字，也是康有为第二次向清帝上书。这次上书，都察院以《马关条约》已经签定，无法挽回为理由，拒绝接受，但是，

康有为像

上书却在全国广泛流传。

"公车上书"标志着酝酿多年的资产阶级维新变法思潮已发展成爱国救亡的政治活动，对社会的影响和震动很大，康有为从此取得了维新运动领袖的地位。

台湾民主国建立

光绪二十一年（1895）五月，"台湾民主国"建立。

《马关条约》签订后，清政府割让台湾的消息传到台湾，引起台湾人民的极大愤慨。光绪二十一年（1895）四月，清政府命李经方为特派全权委员，到台湾办理交割事宜，命台湾巡抚唐景崧撤出台湾，迅速回京，并责令台湾官兵内渡，禁止大陆军民接济台湾抗战。台湾军民决心独立自救。

在丘逢甲等台湾士绅的动员倡议下，台湾人民于五月二日宣布成立"台湾民主国"，推举唐景崧为总统，丘逢甲为副总统兼义勇统领，刘永福为民主将军，陈季同为外务大臣，俞明震为内务大臣，李秉瑞为军务大臣，林维源为议院议长。又以蓝地黄虎旗为国旗，立国号为"永清"，以表明"变出非常，改省为国，民为自主，仍隶清朝"。"台湾民主国"的成立，是台湾人民在特殊的历史条件下为了保卫祖国神圣领土而采取的一种爱国行动。

日军分两路进攻台湾，五月十一日攻占基隆；次日，"民主国"总统府兵变，唐景崧化装逃回大陆。十五日，日军侵占台北，"台湾民主国"败亡。

日军占领台湾·义军纷起抗敌

光绪二十一年（1895）五月，李经方在日舰上会见日本台湾总督桦山资纪，签订了交接文据，台湾全岛和所有附属各岛屿及澎湖列岛等沦入日本侵略者手中。

同时，不甘当亡国奴的台湾人民纷纷组织义军，以徐骧、吴汤兴、姜绍祖等人为首领，痛击日军。刘永福也派分统杨紫云率领新楚军会同台湾义军共同抗日。

光绪二十一年（1895）五月下旬，日军主力近卫师团分两路进犯通往台中的门户新竹。在这次新竹保卫战中，共打了大小20余仗，牵制日军达两个月之久，姜绍祖、杨紫云牺牲。

光绪二十一年（1895）闰五月，日军攻占新竹后继续向南推进，六月攻陷苗栗、大甲溪。黑旗军吴彭年部及义军吴汤兴、徐骧等部退守台中重镇彰化。日军由汉奸土匪引导，猛扑彰化东门外八卦山；又派精锐部队近卫师团以快枪快炮环攻。八卦山失守，吴汤兴、吴彭年等战死，徐骧率余部突出重围，退往台南。彰化陷落。

光绪二十一年七月十三日，侵台日军入侵云林，次日又犯大莆林。在陆路战败后，日军急派兵舰10余艘攻击台南各海口。十六日，台湾军民收复云林。八月，日军反攻，云林、大莆林再次失陷。

光绪二十一年八月下旬，日军以海路攻台南，牵制刘永福部，以陆路攻嘉义。二十四日，日军用大炮轰塌嘉义城墙，嘉义陷落。九月四日，日军又攻占台南。不久，日本宣告台湾"平定"。但是，台湾人民并没有屈服，继续坚持反抗。

台南台湾城的城墙遗址

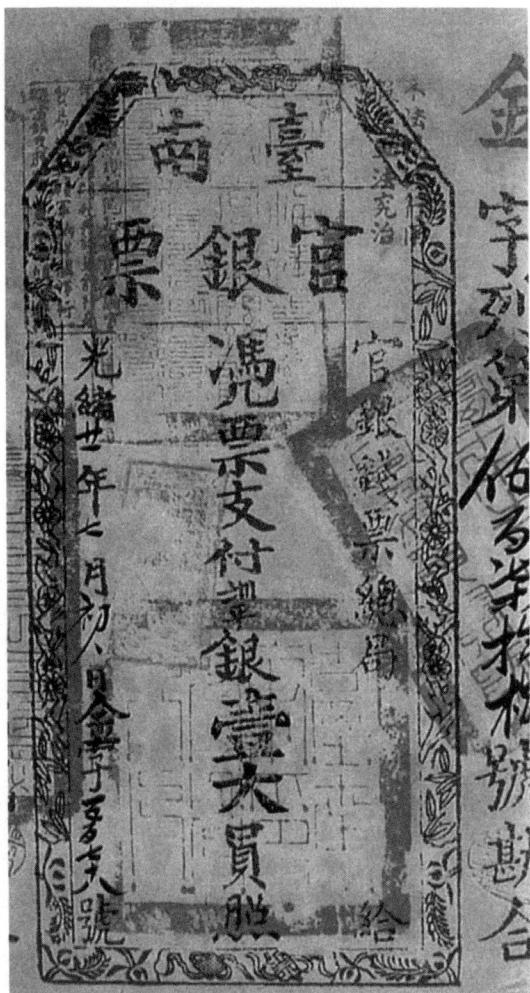

台南官银票。光绪二十一年清军爱国将领刘永福率领台湾人民
抗日期间，台南因现银缺少，军款奇缺，遂在台南设立官银钱总局，
发行台南官银票，价值等同于当时台湾自铸的银元。

颐和园建成

光绪二十一年（1895），颐和园建成。

乾隆十五年（1750），乾隆皇帝兴工修建颐和园。它位于北京西北郊，是清代北京著名的"三山五园"（香山静宜园、玉泉山静明园、万寿山清漪园、圆明园、畅春园）中最后建成的一座。

金、元时期，颐和园所在地就已成为著名的风景区，称为瓮山和瓮山泊。明代在这里建造了好山园，改瓮山泊为西湖，在瓮山南麓和西湖岸边建造圆静寺十刹，称为"西湖十景"。

颐和园须弥灵境建筑群俯视

中国著名的古典园林、清代行宫花园——颐和园。

清乾隆十五年，乾隆皇帝为其母孝圣宪皇太后祝寿，于瓮山南坡正中圆静寺旧址建大报恩延寿寺，扩展西湖并点缀亭、台、殿、阁等，成为著名的清漪园。同时改瓮山为万寿山，改西湖为昆明湖。咸丰十年（1860），园林被英、法侵略军焚毁。光绪十二年（1886）开始重建。光绪十四年，改名为颐和园。光绪二十一年（1895）工程结束，是慈禧太后挪用海军经费修建的。光绪二十六年（1900），八国联军入侵中国，颐和园再次遭劫。翌年重修，成为今天的规模。

颐和园的建造，是以万寿山、昆明湖为基础，以杭州西湖风景为蓝本，吸取江南园林的设计手法而建成的一座大型天然皇家园林。

全园由宫殿区和园林区两部分组成。

宫殿区不大，在全园主要入口东宫门内，东去只通圆明园，北达前山，西南为前湖，位置适宜，是慈禧皇太后居住和处理政务的场所。在东宫门内建有宫廷区，作为接见臣僚、处理朝政的地方。宫廷区规模为对称布局，内建有殿堂、朝房、值房等建筑群。

园林区以万寿山、昆明湖为主体，分为前山前湖和后山后湖两部分。

前山（万寿山的南坡）及山前的前湖（昆明湖）是全园的主体。这里，湖、山、岛、堤相结合形成一幅如锦似绣的风景画。内有中央建筑群，包括帝、后举行庆典朝会的"排云殿"和佛寺"佛香阁"。佛香阁建在山南正中高台上，体量雄伟、造型敦厚，气宇轩昂，成为颐和园的构图中心。与中央建筑群相呼应的是横贯山麓、沿湖北岸东西逶迤的"长廊"，它是中国园林中最长的游廊。整个前湖区，色彩富丽，金碧辉煌，极富皇家气派。前湖开阔浩渺，是清代皇家诸园中最大的湖泊。湖中一道长堤——西堤，它把整个湖面划分成 3 个水域，每个水域各有一个湖心岛，岛上建有龙王庙、治镜阁、藻鉴堂，三岛象征中国古老传说中的东海三神山——蓬莱、方丈、瀛洲。其中龙王庙岛最大，有石砌 17 孔桥和湖东岸相接。西堤以及堤上的 6 座桥模仿杭州西湖苏堤的"苏堤六桥"，使昆明湖更神似杭州西湖。

后山（万寿山北坡）和后湖（一串人工小湖），其景观与前山前湖迥然不同。后山清净而富野趣，后湖曲折而深邃。后山的建筑物数量不多，除中部的佛寺"须弥灵境"外，其他都各自成小园林。或踞山头，或倚山坡，或临水面，随处而立，装饰清雅质朴，与整个环境气氛十分协调。后山、后湖山嵌水抱，"虽由人作，宛自天开"。后山有谐趣园、霁清轩，其中谐趣园是仿无锡寄畅园而建的园中之园，甚为精致，富于诗情画意。

颐和园作为大型皇家园林，是中国目前保存得最完整的一座行宫御苑，它集中体现了中国古代园林建筑艺术的卓越成就。

颐和园佛香阁

强学会建立

光绪二十一年（1895）八月，由康有为发起，帝党成员、翰林院侍读学士文廷式出面，在北京成立强学会。

强学会是戊戌维新运动期间的维新派重要政治团体，户部主事陈炽为提调，梁启超为书记员。强学会有会员数十人，除维新人士外，徐世昌、袁世凯、张之洞、聂士成以及外国传教士李提摩太、李佳白、林乐知等都曾入会。李鸿章也表示要捐2000两银子入会，由于甲午战败后他的名声不好，没有被接受。强学会每10天集会一次，每次都有人讲"中国自强之学"。康有为写《强学会叙》，痛陈列强侵略下的危机形势以及成立学会挽救时局的宗旨。

北京强学会遗址

在张之洞支持下，于光绪二十一年十月成立上海强学会。宣言由康有为起草，以张之洞的名义发表；章程由张的幕僚梁鼎芬会同康有为共同拟定；经费主要由张之洞资助。章程标明"本会专为中国自强而立"，并规定该会任务是译印图书，出版报刊，设图书馆及开博物院。江浙维新名士纷纷入会。

北京和上海的强学会成立后，都"先以报事为主"。北京的强学会发行《中外纪闻》；上海的强学会则创《强学报》，宣传变法维新。光绪二十二年（1896），强学会被清政府查封。

华俄道胜银行成立

光绪二十一年（1895）十月二十二日，沙俄对旧中国进行经济侵略的金融机构——华俄道胜银行成立。

该行由俄国圣彼得堡万国商务银行联合法国的霍丁盖尔银行、巴黎荷兰银行、里昂信贷银行、巴黎国家贴现银行等共同组成。资本 600 万卢布，董事 8 人，沙俄 5 人，法国 3 人，支配权由沙俄掌握。光绪二十二年（1896），沙俄政府派银行董事长乌赫托姆斯基到北京活动，诱使清政府从俄法借款中拨银 500 万两（约合 756.2 万卢布）入股。这样，以中俄合办名义掩护其侵略活动。

华俄道胜银行总行设在圣彼得堡，中国的上海、汉口、天津、北京、大连、牛庄、长春、哈尔滨、满洲里、张家口、乌鲁木齐、伊犁等地设有分行，福州、厦门、广州、镇江、汕头等地也设有代理处。该行曾在中国境内发行金卢布、银两、银元多种纸币，还代表俄国参加帝国主义对华贷款的银行团，并攫取了中东铁路建筑权。光绪三十年（1904）日俄战争后，该行营业受到打击。宣统二年（1910），与俄国另一法国投资的北方银行合并，中文名未变，俄文名改为"俄亚银行"。

1902 年朱志尧在上海创办的求新机器制造厂

梁启超作《西学书目表》

光绪二十二年（1896），梁启超撰写了介绍西方科学技术、政治思想和制度政策等方面的图籍举要《西学书目表》，并在同年九月的《时务报》上予以发表。

梁启超（1873 ~ 1929），字卓如，号任公，别号饮冰室主人，广东新会人。梁启超是清末维新派的代表人物，他认为"国家欲自强，以多译西书为本，学子欲自立，以多读西书为功"。

《西学书目表》包括正文与附卷，共著录甲午战争前我国翻译的西书600多种，分成学、政、杂三大类，将学（基础理论）放在政（应用技术）之前。学类有十三目：算学、重学、电学、化学、声学、光学、天学、地学、全体学、动植物学、医学、图学等。政类有十目：史志、官制、学制、法制、农政、矿政、工政、商政、兵政、船政。杂类有五目：游记、报章、格致、西人议论之书、无类可归之书。

书目正文以表格的形式列举各类图书，并以表下加注释、表上加圈识等方式，评价介绍书的内容，指导读书的方法。书目正文后附有《读西书法》，讲述翻译西书的原由、以及各科之间的关系、译笔之优劣，并指出读书的先后顺序，突出了书目的推荐性。

《西学书目表》是第一部系统介绍西方科学技术、政治思想、制度政策等各方面图籍的有影响的书目。在它影响下，随后出现了不少专门介绍国外译书的目录；同时，它又是我国图书分类彻底突破传统四分法而向近代新分类法过渡的开拓之作，它开创了近代目录学的新时期。

梁启超少年读书处——广东新会文昌阁

袁世凯小站练兵

光绪二十年（1894）十月，清政府派胡燏棻在离天津 70 里的新农镇——小站训练"定武军"，共 10 营 4750 人。

甲午战争中，清军的腐败无能完全暴露出来。战争结束后，清政府决意改革兵制，仿照西方编练新式陆军。

光绪二十一年（1895）十月，袁世凯接替编练新军。袁世凯将定武军由5000 人扩编到 7300 人，改称"新建陆军"。该军沿用淮军营务处、营、队、哨、棚等名称，编制采用德国近代陆军制度，分步、马、炮、工、辎各兵种，全部使用购自外国的新式武器，延聘德国军官督练洋操阵法。各级军官大多由军事学堂毕业者充任，新兵征募有年龄体格及文化程度的规定，并设有步兵、炮兵、工程兵各学堂。"新建陆军"是中国新式陆军的肇始，此后逐渐扩充为六镇（相当于师），形成北洋军的基本力量。袁世凯由此掌握了兵权。

南洋公学创办

光绪二十二年（1896）二月二十六日，盛宣怀在上海徐家汇镇北创办南洋公学。中国近代自办高等学校，是以天津西学学堂和南洋公学的设立作为开端的。

何嗣焜任南洋公学总理，张焕纶为总教司。全校分设四院：师范院，即师范学堂，为我国第一所新型师范学校；外院，为师范院附属小学堂，分国文、算学、舆地、史学、体育五科；中院，是中学性质的学堂；上院，是大学性质的学堂。除师范院外，其他三院的学制都是 4 年。外院、中院、上院各设四班，每班学生 30 人，三级衔接，逐年递升。上、中、外三院三级制，成为近代大、中、小学三级制的雏形。

南洋公学的开办经费由招商局、电报局绅商捐助。最初的目的是培养通达中国经史大义的政治人才，实际培养的学生多数学习工艺、机器、制造、矿冶、商务等，其中优秀者被选送国外，留学深造。

辛亥革命后，南洋公学与其他学校合并，改名交通大学。

《中俄密约》签订

光绪二十二年（1896），沙皇尼古拉二世举行加冕典礼。清政府应俄国政府的要求，任命李鸿章为"钦差头等出使大臣"，前往俄国庆贺。俄国政府以中俄共同防止日本侵略为借口，并将300万卢布给李鸿章作报酬，诱迫他于四月二十二日同俄国财政大臣维特、外交大臣罗拔诺夫在莫斯科签定了中俄《御敌互相援助条约》，即《中俄密约》。

密约共六款，主要内容为：日本如果侵占俄国远东领土或中国、朝鲜领土，中俄两国应以全部海军、陆军互相援助；开战时，中国所有口岸均准俄国兵船驶入缔约国一方未征得另一方同意，不得与敌方议立和约；战争期间，中国所有口岸都应对俄国军舰开放，允许俄国在黑龙江、吉林两省修筑铁路直达海参崴；无论战时或平时，俄国都有权通过该铁路运送军队和军需；本条约自铁路合同批准之日起生效，有效期15年。

甲午中日战争以后，清政府希望联络俄国牵制其他列强。沙俄于是寻找机会向清政府索取好处。通过这一密约，沙俄政府把侵略势力伸入了中国东北地区。

俄国东三省铁路公司

改良派报纸风行全国

　　为了向世人表达中国民族资产阶级的政治意向和精神状态，维新派于光绪二十二年（1896 年 8 月 9 日）在上海创立《时务报》旬刊，由梁启超任总主笔，宣扬维新变法。受《时务报》的影响，全国各地如雨后春笋般地涌现几十家改良派报刊。

　　在此之前，1895 年 8 月，改良派在北京建立强学会并创办机关报《中外纪闻》；翌年强学会上海分会创办《强学报》，其内容以宣扬变法为主，面向维新派的官绅，但不到半年就遭到顽固派的压制而被迫停刊。改良派遂创办影响面更广的《时务报》，该报设于上海租界，为旬刊，每期 20 余页，4 万字，由黄遵宪、汪康年、梁启超、邹凌翰和吴德潇 5 人联名发起，麦孟华、徐勤、欧榘甲、章太炎先后参加编辑工作。到 1898 年 8 月戊戌变法失败为止，出刊两年，共出 69 期。《时务报》上发表的最著名的文章是梁启超的《变法通议》。该文从创刊时登起，连载 43 期，系统地阐明了维新派的变法主张，

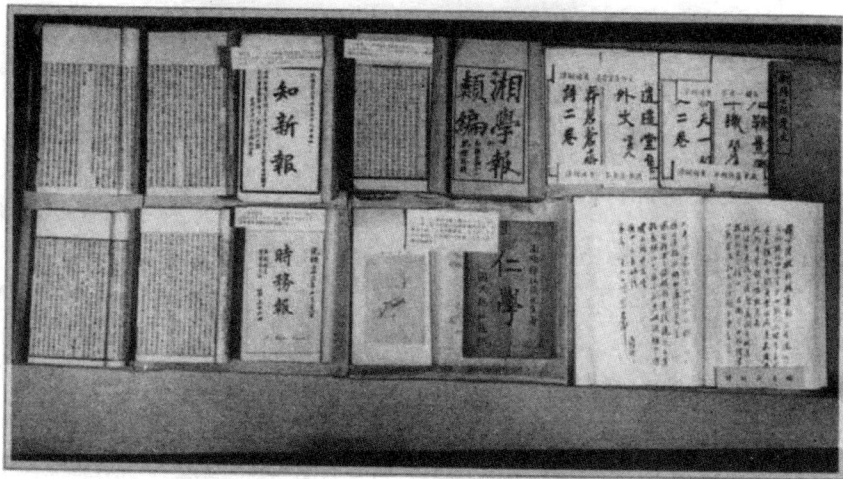

维新变法代表人物的著述及改良派报刊

是资产阶级改良派的纲领性文件。《时务报》也因此而成为当时最有影响的报刊。该刊销售量最多时达 17000 多份，创造了同期国内报刊发行量的最高纪录。《时务报》不仅是维新派宣传的喉舌，而且是推行新政、发展变法运动的重要基地。许多改良派团体设在《时务报》的机关院内，很多改良派的领袖通过《时务报》与社会上的维新人士联络工作，交流思想。

在《时务报》的影响和推动下，其他地方也风行改良派报刊。在澳门出版的《知新报》是改良派在华南地区的机关报，创刊于 1897 年 2 月 22 日，这家报刊宣传变法更坦率、更激烈。稍后在天津创办的《国闻报》也是戊戌变法前夕起过突出宣传作用的报刊，由严复主笔，主张师法西方，自强不息。与维新派其他报刊相比，它在介绍西学方面更为突出，所发表的最有影响的文章是严复翻译的《天演论》和《群学肄言》。在各省的改良派报刊中，以长沙《湘学报》和《湘报》最有名。它们介绍西学，提倡新政，鼓励绅商投资于新式企业，促进了华中地区的变法维新运动。此外，戊戌维新运动中，重庆、福州、桂林、苏州、无锡、杭州、南昌等地也出版了不少政论性刊物。戊戌政变后，改良派受到沉重打击，其所主办的报刊也相继停办。但他们的宣传活动并未就此中断，改良派转移海外开辟新的舆论阵地，但影响就弱多了。

改良派报刊风行全国，宣扬救亡图存，介绍西方政治思想和理论，对反封建斗争有积极影响，在中国起了思想启蒙的作用；而改良派报刊的发展过程为以后革命派的办报宣传提供了丰富的经验。

常州词派出现后劲

同治、光绪年间，词学大兴，常州词派出现有力的后劲。

常州词人张惠言为挽救自康、乾时期一味追求清空醇雅、左右词坛的浙派，提出词与《风》、《骚》同科，强调比兴寄托，反琐屑钉饾之习，攻无病呻吟之所，得时人响应，形成常州词派。到同治、光绪年间，谭献、王鹏运、朱孝臧、况周颐承常州派余绪，又有所创新。谭献（1832～1901）力尊词体，推崇比兴，对常州派的理论作了具体阐明而又有所发展，他在《复堂词录序》中提出"作者之用心未必然，而读者之用心何必不然。"其词多抒写士大夫文人的情趣，文词隽秀，琅琅可读。其《蝶恋花》、《庭院深深人悄悄》堪称词学佳作。王鹏运（1848～1904）论词尚体格，提倡"重、拙、大"，影响词苑很大。朱孝臧（1857～1931）深受王鹏运的影响，将生平所学抱负尽纳词中。他的作品《梅州送春》、《晚春过黄公度人境庐话旧》等同情维新派，抒发壮怀零落、国土沦丧之感，悲惋沉郁，其词取材广泛，自成一派。况周颐（1859～1926）作词感于时事，多慨叹现实，声情激越，在词学理论上发展了常州词派，构成自具特色的词论体系，对词学整理研究颇有成绩。

留日热潮出现

光绪二十二年（1896），中国驻日公使裕庚派员至上海、苏州一带招募13名学生赴日留学，此后10余年间，留日学生急剧增长。

甲午海战使中国人对日本国的见解发生了根本变化。此前，虽然有识之士再三提醒人们注意日本明治维新的成功经验及其教育变革成就，但绝大多数士儒仍视之为东夷岛国；直到甲午战败，丧师割地，朝野上下才对东洋小国刮目相看，激起了了解日本、学习日本的普遍热情。

光绪二十八年（1902）各种留日官费生、自费生总数已达600余人，光绪三十二年增至8000余人。如此巨大的留学生教育规模，是以往留美、留欧教育无法比拟的，在中国19世纪中下叶至20世纪初的数十年间也是绝无仅有的。

留日热潮的出现，首先得力于维新派的提倡。维新派认为：日本与中国语言风俗相近，国体相同，又经历了大致相同的由闭关到开放再到变法的过程，日本明治维新的经验尤其值得中国借鉴；另外，日本翻译了大量西方科学著作，中国缺乏西语人才，而日中语言则相近，故通过翻译日本译著可间接了解西方学术。

清政府则认为日本变法的宗旨有助于"尊君权"，仍然遵守"中国先圣之道"，并不效仿西方的共和政体，所以积极促成在日本东京法政大学特设法政速成科，先后选派300余名官绅赴日培训政治法律。像这样大批官员出洋学习，还是首次。

日本自甲午战后也调整了对华政策，对中国以笼络为主，并在光绪二十四年（1898）主动致函清政府，表示愿意接受中国留学生赴日，并制定了有关法令，陆续创办一批日语培训学校方便留学生。

留学日本较留学欧美，有路程短、费用减省的优点。从上海、天津到东京，仅六七天时间，对许多国人来说，比赴京城还近。随着科举制废除，更直接促成大批学子远赴东洋留学。在人们心目中逐渐形成一种看法，即出洋留学远较在国内学堂读书地位优越。因为留日学生规模宏大，所以存在弊端也在所难免。一是学生素质良莠不齐，可造就者不过半数，能入大学者不过百分之一；二是受本国发展所限，留学生回国多发现学非所用；三是公费留学只供养 1～2 年，期满之后，欲求深造者往往因没有经费支持而中途辍止，自费留学者更感缺乏财力维持学业；四是多数留学生胸无远志，难成大器。

清政府一方面鼓励赴日留学，一方面严密防范留学生的革命化。光绪三十一年（1905）著名反清志士陈天华跳海自杀，以示抗议，大约有 3000 名日本留学生返国投身于推翻清王朝的共和革命。到 1912 年时，留日学生只剩下约 1400 人。

电影艺术传入中国

清光绪二十二年（1896）八月十一日，上海徐园内的"又一村"放映了"西洋影戏"，这是中国的第一次电影放映。

光绪二十三年（1897）七月，美国电影放映商雍松来到上海，先后在天华茶园、奇园、同庆茶园等处放映电影。光绪二十五年（1899），西班牙商人加伦百克来上海放映电影。光绪二十八年（1902），北京也开始放映电影。当时，有一个外国人携带影片、放映机及发电机来到北京，在前门打磨厂租借福寿堂映演。影片内容多为"美人首旋转微笑，或着花衣作蝴蝶舞"以及"黑人吃西瓜"、"脚踏赛跑车"等。次年，中国商人林祝三从欧美携带影片、放映机等返国，也在打磨厂借天乐茶园放映。这是中国人自运外国影片在国内放映的开始。

光绪三十年（1904），慈禧太后 70 寿辰时，英国驻北京公使曾进献放映机一架和影片数套祝寿。影片在宫内上映时，放映了3本，发电机就发生炸裂，慈禧认为不吉利，清宫内从此不准放映电影。光绪三十一年，清政府派五大臣出国考察，五大臣之一的端方在回国时也曾带回一架放映机，并在次年宴请载泽时，"演电影自娱"，还令通判何朝桦在旁边作解说员，但演至中途，猝然爆炸，何朝桦等人均被炸死。

　　光绪三十一年（1905），北京丰泰照相馆拍摄了中国最早的一部戏曲片《定军山》。这也是中国人自己摄制的第一部影片。光绪三十二年（1906）以后，北京城内电影放映就逐渐多起来，如北京西单市场内的文明茶园和大栅栏的庆乐茶园，便开始放映有故事情节的侦探滑稽短片。

　　在香港，大约在光绪三十年至光绪三十一年（1904～1905）间，第一家电影院——比照影画院在中环的云咸街建成。在上海，意大利商人A·雷玛斯经营电影放映，赢利颇丰，并在光绪三十四年（1908）建起了一座可容纳250人的虹口大戏院，这是上海第一家正式修建的电影院。

　　此后，电影放映在中国，就逐渐遍于南北，深入内地了。电影艺术也进一步为国人所接受和得到发展。

北京丰泰照相馆拍摄的中国第一部舞台艺术短片《定军山》，主演者为京剧名角谭鑫培。

务农会成立

光绪二十三年（1897）四月，由罗振玉、徐树兰、蒋黼、朱祖荣等人发起在上海组织成立了中国最早的农学会，当时称"务农会"，其宗旨在于改进农业生产。它标志着西方近代农业科学技术在中国农业生产中开始推广应用。

1895年康有为等在"公车上书"中提出组织农学会的建议，并主张在城镇建立农会。"务农会"的具体工作是"广树艺、兴畜牧、究新法、浚利源"。务农会还制订了《试办章程》，规定凡官绅士商及住在国外的中国人和住在中国的外国人都可入会，妇女和品行卑下者不得入会，还规定会员每年须付会费3至6万元。

此后，全国各地纷纷成立务农会，到1901年已达29所，分布于上海、江苏、浙江、福建、江西、山东等省。1910年10月，各地农会在南京联合组成了全国农务联合会，以联合全国农业机关、调查全国农业状况、规划劝导全国农业改良为宗旨。各地务农会有的购买外国农具，有的采用欧美的种植方法，有的建立实验田，以各种方式进行农业革新。

务农会的建立，把国外先进的农业科学技术推广应用于本国的农业生产中，促进了中国传统农业向近代农业的转变。

鼻烟壶在明代由西洋传入中国，图为清代所制比西洋原品更加精美的鼻烟壶。

近代农学兴起

19 世纪 90 年代，中国开始大量引进西方农业科学技术。西方近代农学著作传入中国，出现了中国传统农学与近代农学的交汇，为 20 世纪中国近代农学体系的形成创造了条件。

中国近代农学的兴起主要体现在农业教育的兴起、农学报刊的发行以及农学著作的翻译等方面。兴办农业学校是发展近代农学的主要环节。1897 年光绪帝曾下诏令兴农学、兴办农业学堂。1898 年，中国最早的农业学校——浙江蚕学馆成立，它由杭州知府林迪臣创办，办学宗旨是除蚕微粒子病，制造良种，精求饲育，传授学生，推广民间。同年，张之洞在武昌创办"湖北农务学堂"，这是一所为改进农业栽培而兴办的中级农业学校，设有植物学课程。这两所学校的创立，揭开了中国近代农业教育史的第一页。此后，各

清代缂丝耕织图

类初、中、高等农业学堂相继设立，清政府陆续颁布了一系列有关发展农业教育的规章。1906年后，农业学堂在全国各地普遍开设起来，为中国培养出一批农业科学和技术人才。

创办农学报刊和翻译外国农学书籍也是中国近代农学发展的主要途径。1897年4月创刊的《农学报》是中国最早的农报。该报分为"文篇"和"译篇"两部分，内容大致可分为三类：第一类是各省农政，包括国内各级官员关于农业方面的奏折、公牍及官厅拟订的章程、规划；第二类是各地的农事消息和务农会活动情况；第三类主要是从国外书刊上翻译过来的文章。这些译文的内容包括农业原理、作物各论、土壤、肥料、气象、农具、水利、蚕桑、畜牧、林业、园艺、兽医、农经等方面的科学知识。《农学报》后来汇订成《农学丛书》七集，在当时成为中国引进国外近代农业科学的一个重要途径。

除了务农会组织翻译国外农学著作外，江南制造局也翻译了一些农学书籍。其中有些属当时世界上比较先进的农学著作，如1885年江南制造局根据19世纪前半期英国农业化学家约翰斯顿的《农业化学及地质学问答》一书翻译的《农务化学问答》，首次将西方近代农业化学的成果引入中国。这些农学译著使中国读者大开眼界，耳目一新，在中国近代农学的传播中起了重要的作用。

德国占领胶州湾

光绪二十三年（1897）九月八日，德国军舰在武汉停泊。由于船上的水手上岸后横行不法，有的被群众打伤。德皇命令舰队驶往胶州湾。一周后，德国通知总署，德国舰队准备在胶州湾过冬。

德国早有占据胶州湾的野心。光绪二十三年（1897）十月二十日，德国借口两名本国传教士在山东巨野被杀，派军舰强占胶州湾，夺取青岛炮台，同时，向清政府提出了一系列无理要求。

经过反复交涉，第二年二月，李鸿章与德使海靖签订《胶澳租界条约》。清政府被迫出租胶州湾给德国，租期为99年，在此期间，胶州湾完全由德国管辖。同时，条约允许德国在山东境内修筑两条铁路。德国攫取了在山东的路矿权。

德国在胶州湾建立的总督府

中国通商银行创办

光绪二十三年（1897）四月，经总理衙门许可，盛宣怀在上海设中国通商银行总行，并在汉口、广州、烟台、镇江、汕头等处设立分行。

光绪二十二年（1896），为了筹集中日甲午战争后的战败赔款和修筑铁路的经费，盛宣怀奏请在上海、北京试设银行，招集商股。中国通商银行创办时，招商股500万两白银，设总董10人。

该行初创时期，没有法令成例可以因循，于是由各总董参酌汇丰银行的成例，共同议定章程，以"权归总董，利归股商"为银行宗旨，总行、分行的经理都由聘用的外国人担任。

中国通商银行的营业范围较广，除了办理储蓄、放贷汇兑以外，还发行钞票，有银两、银圆两种。该行还有一项特殊业务，专门存放各省关官款。

中国通商银行的创办，是中国人自办新式银行的开始。

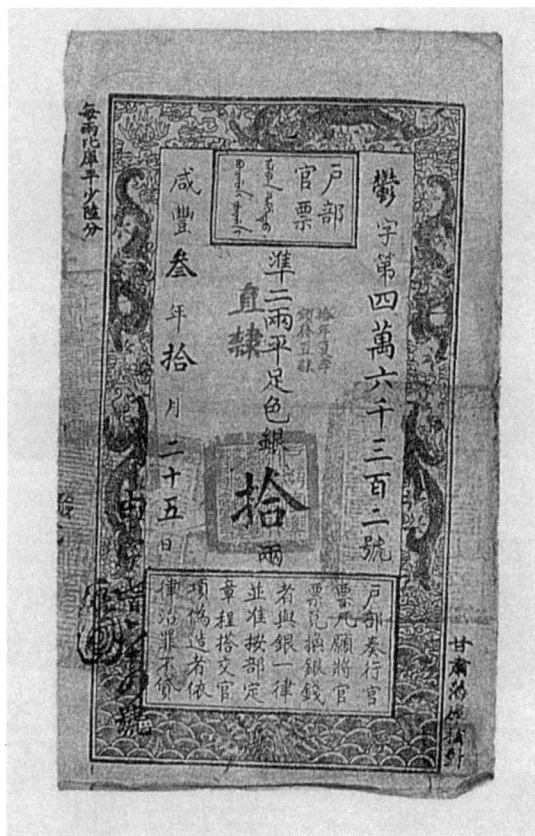

清咸丰三年（1853）户部官票

时务学堂创办

光绪二十三年（1897），时务学堂创办。

19世纪90年代，维新派在全国范围内创会办报的努力普遍遭受挫折时，湖南省方兴未艾的省政改革，却为维新派提供了在省级范围内实施改良主义教育的难得机会。

湖南当时聚集了一批具有政治改良思想倾向的官员，如巡抚陈宝箴、按察使黄遵宪等。连身为洋务派的湖广总督张之洞，也对省政改革有所支持。因此湖南新政运动一开展就声势夺人，在这次改革中，最引人瞩目的是教育领域的变化。谭嗣同首先将浏阳南合书院改建为浏阳算学馆，这对于发展湖南教育、设立新式学堂，起到了开风气之先的作用。

1897年，时务学堂创办，标志着湖南省政的教育改良运动进入了高潮，它以"广立学校、培植人才"为自强本计，并宣称"吾湘变，则中国变；吾湘立，则中国存"。雄心可嘉，显然是受到了日本江户末期萨摩、长州、土佐、肥前四藩率先变法进而推及全国的启发。梁启超任时务学堂总教习，宣传大同思想，要求青年学生"以保国、保种、保教为己任"，他制定学堂课程设置的指导思想为："中学以经义掌故为主，西学以宪法官制为归"。他还通过批改学生课卷，指责君主极权专制、鼓吹民权，见识敏锐，一针见血，大有发聋振聩之气势。

在时务学堂及其后创办的南学会的影响下，湖南教育领域风气大变，不到半年间，讲堂林立，学会纷设，可谓"民智骤开，士气大昌"。尽管后来维新派人士倡导的民权学说和其他激进的变法思想，引起守旧势力的不满，梁启超和其他康门弟子也被迫离湘出走，维新派在湖南发起的改良主义教育终告失败。但在维新派影响下，湖南各级科举考试注入了新内容，反映了湖南省士学风气的转变，证明改良主义在湖南的实施是颇有建树的。

康梁主张变法

康有为是戊戌变法运动的主要领导者之一，维新派的重要首领，鼓吹和提倡新学的著名改良主义思想家。

中日甲午战争之后，帝国主义的侵略日益嚣张，中国的国势日渐衰微，国人对民族危亡的忧虑更加深重。在客观形势的刺激和影响下，康有为逐步形成了改变现状、变法图强的思想。光绪二十四年（1895）四月，他发动了著名的"公车上书"，要求拒绝批准卖国条约，要求练兵、变法。随后又创立强学会，从事变法的组织和宣传工作。1898年，建立了保国会；同年6月，领导了轰轰烈烈的"戊戌变法"。康有为在他给光绪皇帝所上的七封对书中，详细阐释了他的变法思想。

首先，他指出变法乃是势所必然。中国面临的民族危机已决定不是变不变法，而是怎样变法的问题。帝国主义的相继入侵、割地、索款，已使中国面临着无以自立、濒临亡国的危险境地，在中华民族祸患盈门、岌岌可危的情况下，不变法就无以救亡图存。其次他指出变法要"全变"、"变本"。中国的积弱已非一日，祸病日久，欲起沉疴，拆东补西、修枝剪末已于事无补，必须实现全面的改良、根本的改良。政治上要实行西方"三权分立"的君主立宪；经济上，要以商治国，以达国富民强；文化上，要废除八股科举，兴办新式学校。康有为的以"全

梁启超像

变"、"变本"为标榜的变法政治纲领，就是企图在封建制度许可的范围内，争取资产阶级在政治、经济、文教等方面的权利，为发展资本主义开辟道路。

梁启超是康有为的学生，也是戊戌变法的主要领导者，维新派的重要首领，提倡改良主义的思想家。

1895 年梁启超赴北京会试，和康有为一起参与和发动了"公车上书"活动；8 月，强学会成立，任书记员，主办《中外纪闻》。1896 年 8 月他任上海《时务报》主笔，所作《变法通议》等著名政论，从古到今，从外到内全面地系统地论述了变革的必要性，在国内政界、文化界产生很大影响，成为宣传变

北京陶然亭慈悲庵。清末时康有为、梁启超、谭嗣同等人曾在此计议变法维新。

法、鼓吹"民权"的知名的风云人物。1898 年，梁启超参加和领导了著名的"戊戌变法"。

甲午之战中国的惨败，使梁启超在历史潮流的激励下，发出了变法救亡的呐喊。他批判洋务派，认为洋务运动只是玩弄修枝剪节的小技，根本达不到救亡图存的目的。审时度势，唯一的办法是变法，实行君主立宪，在开明君主的支持下，对中国社会的政治、经济、文化实行资本主义改变。

梁启超的这些主张，在当时专制愚昧、迂腐陈陋、沉闷窒息的政治气候下，无疑是在封建社会的一潭死水里投放一块激起波澜的大石。如果说康有为是变法运动的倡导者，那么，梁启超则是变法运动的主要旗手。

改良主义办教育

中国在甲午海战中的失败宣告了洋务教育的失败，以康有为、梁启超为首的维新派，对教育问题采取了比洋务派更为激进的态度。他们主张对中国传统教育进行更彻底的改造，声言要废除八股，改革科举制；广开女学、倡导妇女教育的主张，也被梁启超提到了"富国存种"的高度。

1891年，康有为应弟子陈千秋、梁启超之请，在广州长兴里万木草堂开设讲席，揭开了改良主义教育实践的序幕。

康有为办学，目的在于培养变法骨干，宣传维新变法思想，扩大影响，在他的学堂里，不仅读《公羊传》等中国古书，还广泛阅读西洋诸书。有关声、光、化、电等科学著述及容闳、严复等人的译著和外国传教士李提摩太等人的译本，都在学习范围之内。

1895年之后，改良主义教育的实施以全国各地学会、报刊的创办及湖南新政中的教育改革为主要内容。这一年康有为等人在京创办了北京强学会，此后，风气渐进，学会林立，大有不可抑制之势。他们通过翻译新书、演讲、讨论和近似书院讲会的形式，鼓吹变法，倡导实学。这正是维新派人士所热衷的一种新的社会教育形式，弥补了书院教育和新式学堂的不足。正如康有为指出：学会的组织在于"开知识"、"开风气"、"大合群"。

1898年6月11日至9月21日的戊戌变法，为改良主义教育在全国范围内的实施提供了机会。教育改革是戊戌变法的主要内容之一。变法期间，康有为等人有关改革科举和教育的奏本就达13部之多，内容包括：废除八股，改用策论，鼓励士人专研有用之学；专设经济特科；广设武备学校，仿照德日学制；劝励工艺；广译日本书，派人留学日本；在各省府州县乡广立大中小学校，普及教育；改造旧式书院学塾等。这些建议，几乎全被光绪皇帝采纳，并通过上谕的形式，得到朝廷的推广和实施。

改良派痛诋八股，认为它有误国害民三大害处：一为锢智慧，二为坏心术，

大清已成历史

三为滋游手。称只有"痛除八股而大讲西学",才是唯一的救亡之道。维新派对一向被视为神圣不可侵犯的封建礼教,也提出了批判,并进而主张广开女学,实现男女教育平等,倡导男女平权。

改良派比起洋务派的重大进步在于:洋务派急功近利,只造就少数的专用人材;改良派却旨在建立普及教育的近代化国民教育体制。

在中西学关系上,改良派驳斥洋务派"中体西用"说和"政本艺末"说,充满了科学精神。但是,他们自身的矛盾在于:既不敢取消封建制度本身,却又必须进行有损于这个制度利益宗旨的改良活动,实际上正为其失败埋下了伏笔。

康有为讲学处——广州"万木草堂"

戊戌变法开展

光绪二十三年（1897）十月，德国强占胶州湾，激起全国人民的爱国义愤。康有为第五次上书光绪皇帝，陈述了民族危机的严重性，强调变法维新、救亡图存已刻不容缓。在上书中，康有为提出了三点具体计划：一、学习俄国、日本的变法经验治理国家；二、推举大量人才，并谋维新大业；三、听任边疆大臣各自变法维新。年底，康有为等在北京组成粤学会；次年，林旭等亦在北京成立闽学会；其他各省旅京人士也纷纷组织学会，维新变法的气氛日益浓厚。

光绪二十四年（1898）正月，康有为被召到总理衙门，再次申说了变法的主张，并提出了变法的步骤，同时批驳了荣禄、李鸿章等人的诘问，受到翁同龢的赞赏。正月初八，康有为上《应诏统筹全局折》呼吁光绪皇帝坚定变法的决心，指出只有变法才能救国。他提出了变法的具体办法：一、"大誓群臣以定国是"；二、"立对策所以征贤才"；三、"开制度局而定宪法"。《统筹全局折》是资产阶级维新派政治改革的全部要求，也是戊戌变法的施政纲领。光绪帝看了这个奏折，非常满意，更加坚定了变法的决心。

同年三月，康有为等发起成立保国会——戊戌变法期间维新派的重要政治团体，以"保国、保种、保教"为宗旨。康有为、梁启超等人在集会上发表的演说，在天津、上海、广东各地报刊登载，影响很大。此后，保滇会、保浙会、保川会相继在京成立。

光绪二十四年（1898）四月，光绪帝根据杨深秀、徐致靖、康有为等人的奏章，召集军机全堂，"下诏定国是"，决定变法。四月二十八日，光绪召见康有为，商讨和确定变法的步骤和措施。不久准许康有为专折奏事，并任命他为总理衙门章京上行走。康有为利用专折奏事的特殊待遇，不断地上奏折，递条陈，提出一系列新政建议。

根据康有为等人的建议，在百日维新期间，光绪帝先后颁布了100多道除旧布新的改革诏令。从内容上看，六月上旬以前，光绪颁布的新政主要是经济、军事、文教方面的改革。经济方面有：保护农工商业，设立农工商总局，切实开垦荒地，提倡私人办实业，奖励新发明、新创造；设立铁路、矿务总局，修筑铁路，开采矿产；设立全国邮政局，裁撤驿站；改革财政，编制国家预算等。文教方面有：改革科举制度，废八股，改试策论；广设学堂，提倡西学；设立译书局；允许自由创办报馆、学会；派人出国留学、游历等。军事方面主要有：训练海、陆军，力行保甲等。六月上旬以后，新政由经济、文教、军事方面扩展到政治方面。主要改革有：删改则例，裁汰冗员，撤销闲散重迭的机构；准许大小臣民上书言事，官吏不得阻挠等等。

新政遭到了封建守旧势力的一致抵制和反对。光绪颁布的变法诏令，除了湖南巡抚陈宝箴还能认真执行外，其他地方督抚大多置若罔闻。在中央，有些新政机关形式上虽然建立起来，但基本上被顽固派所把持。因此，变法诏书大多成为一纸空文。到慈禧发动政变以后，新政基本上被彻底推翻。

光绪帝爱新觉罗·载湉（1871~1908）

光绪帝宠妃珍妃（1876~1900），支持变法，被慈禧太后打入冷宫监禁，后又被溺死于宫井中。

京师大学堂改名为北京大学

同治二十四年（1898 年 7 月），清光绪皇帝下令在北京开办京师大学堂，作为戊戌变法的新政措施之一。

京师大学堂的部分前身是 1862 年清政府在总理衙门设立的京师同文馆。京师同文馆主修外国语言，后增设有关自然科学科目，并延请外国人担任教习，具中等专科学校性质。1896 年，御史陈其璋奏请整顿同文馆，重订课程计划。同年，刑部左侍郎李端棻奏请在京师设立大学堂。1898 年康有为在《请开学校折》中重申此意。同年 6 月，光绪帝下诏变法，强调要开办京师大学堂，后由梁启超草拟大学堂章程。7 月，光绪帝正式下令批准设立京师大学堂。12 月正式开学，有学生近百人。先前之京师同文馆于 1902 年正式并入京师大学堂。

京师大学堂初以"广育人才，讲求实务"为宗旨，议设道学、政学、格致、农、工、商等 10 科，戊戌政变后，实际只办了诗、书、易、礼四堂及春秋两堂，每堂不过十数人，其性质与旧式书院无异。1900 年八国联军入侵北京后，京师大学遭破坏，一度停办。1902 年复校，由张百熙任管学大臣，设预备、速成两科。预备科又分政、艺两科；速成科分为仕学馆及师范馆。1903 年增设进士馆、译学馆及医学馆。同时办分科大学。1910 年改设经、法、文、格致、农、工、商、医等 8 科 46 门。京师大学堂是中国近代最早的国立大学。

辛亥革命推翻清王朝后，1912 年，京师大学堂正式改名为北京大学，首任校长严复。1917 年，著名学者、教育家、民主主义革命家蔡元培出任校长，推行"思想自由，兼容并包"的方针，对学校进行了整顿和革新，设文、理、法 3 科 14 个系，并成立了文、理、法 3 个研究所。先后聘请陈独秀、李大钊、鲁迅、钱玄同、胡适、刘半农等具革新精神和丰富学识的著名学者到校任教，使学校的学术空气为之一新，北京大学遂成为新文化运动的中心。

京师大学堂门额

慈禧太后发动政变结束变法

光绪二十四年（1898）四月二十七日，"明定国是"诏书颁布后的第四天，慈禧就迫使光绪帝下令免去翁同龢的一切职务，并驱逐回原籍。

由于维新派的政制改革触犯了封建官僚的利益，而且威胁到慈禧太后的权威，顽固派和洋务派联合起来，向光绪帝和维新派发动了反攻。

面对慈禧的连连反扑，光绪帝和维新派深感大祸临头，一筹莫展。他们想把掌握新建陆军的袁世凯拉过来，对付慈禧和荣禄。八月一日，光绪召见了袁世凯。袁世凯玩弄两面派手法，一方面对光绪的"特恩"表示感激涕零，另一方面又到世铎、奕劻、刚毅、裕禄、李鸿章等旧臣处尽力周旋。八月上旬，政变已有一触即发之势，情况十分危急，谭嗣同只身前往袁世凯的寓所，劝他拥护光绪，杀掉荣禄。袁当面表示对光绪的"忠诚"，回天津后，却向荣禄告密，出卖了光绪和维新派。

八月六日，慈禧经过周密布置之后，发动政变，将光绪帝囚禁于中南海的瀛台，自己重新"训政"，继而大肆搜捕和屠杀维新派。政变后，除京师大学堂被保留外，新政措施全部被取消。

政变前夕，康有为离京到沪，后往香港；梁启超也由天津赴日。八月十三日，谭嗣同等6人被杀于北京菜市口，史称"戊戌六君子"。

慈禧

戊戌六君子之一——刘光第

戊戌六君子之一——杨锐

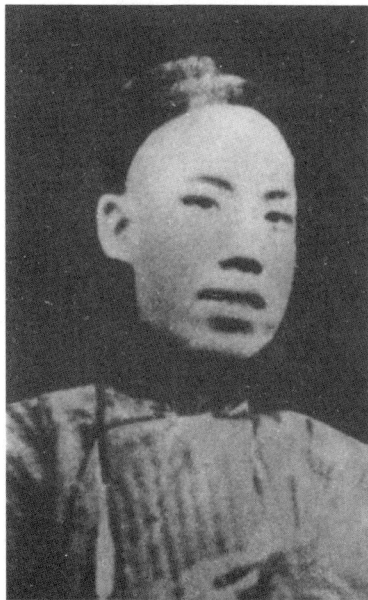

戊戌六君子之一——杨深秀

戊戌六君子之一——林旭

戊戌六君子之一——康广仁

戊戌六君子之一——谭嗣同

张之洞提出中学为体西学为用

光绪二十四年（1898），洋务派大官僚张之洞著成《劝学篇》一书，在总结洋务运动经验教训的同时，提出了"中学为体，西学为用"的理论口号。

所谓"中学"，指的是两千年来在封建社会里一直占统治地位的儒家学说——孔孟之道。这是整个封建思想文化体系的核心。其基本内容是维护封建统治秩序的思想和制度，包括社会政治生活准则、道德规范——三纲五常。张之洞引用董仲舒的"天不变，道亦不变"的教条，论述封建道统、伦理纲常是不能变更的。一切都可以变，只有这种天道不可变。他进而指出，要讲西学，必以中学为先。

所谓"西学"，指的是西方资本主义的政治学说和自然科学。"西学"也有"体"和"用"两个方面。西方资产阶级上升时期充满着反封建的革命精神，这个"体"，在张之洞看来是万万用不得的，君主立宪、民主共和、天赋人权等等，都是不符合封建道统与法统的东西。张之洞要用的"西学"主要是"应世事"和"济时需"的部分，即：学习西方资本主义国家的矿学、化学、电学、植物学和公法学，涉及练兵、制器、办厂、开矿、兴学等方面。总之，只学习外国的科学技术，而不引进西洋的政治制度。

作为封建统治阶级当权派的洋务派不能容忍有关资本主义思想的宣传。"中学为体，西学为用"的本质意义就在于清统治者为保护自己的腐朽统治，所以要办洋务、引进西方的坚船利炮；但他们又害怕输入西方的自由民主思想，破坏了封建的统治秩序，废除了他们的统治特权，因而特别强调君臣之义、三纲五常之类的伦常关系。

"中学为体，西学为用"作为洋务派的理论纲领，确是帝国主义与封建主义反动同盟的特殊产物。一方面，它同顽固派的思想是息息相通的；另一方面，它同帝国主义的奴化思想也是彼此呼应的。

裕容龄姐妹学习西方现代舞

清末一品官裕庚的女儿裕容龄和裕德龄，从小接受文明教育，性格活泼，喜好歌舞。光绪二十年（1894），她们随父出任清廷驻日公使而赴日，被日本舞所迷，便向日本女仆学习了《鹤龟舞》等。后来裕庚还专门请来名师教授姐妹俩。

光绪二十四年（1898），裕庚奉调出使法国，她们又随父来到巴黎，师从现代舞之母伊沙多拉·邓肯学舞3年。裕容龄因成绩优异而被邓肯选中在其创作的舞剧中扮演主角。她以高超的技艺逼真而生动地表演了希腊神话的意境。后来，她去了法国国立歌剧院，师从名教授萨那夫尼那学习芭蕾；接着又进入巴黎音乐舞蹈学院深造，并在巴黎公开登台表演了体现邓肯个性解放思想的《希腊舞》和《玫瑰与蝴蝶》。她以清新动人的表演博得了观众的

慈禧与宫庭贵族妇女（左一为德龄，右一为容龄）

好评。

光绪二十八年（1902），姐妹俩随父回国，成为慈禧御前女官。因为慈禧的支持，容龄得以在宫中研究舞蹈并演出西洋舞蹈和自己创作的《如意舞》等，使慈禧和皇族们大开眼界。出宫后，20年代她曾以"唐宝潮夫人"之名在天津等地的慈善机构演出。遗憾的是由于她的贵族身份及活动范围的局限，致使这位在西方舞蹈文明培育下成长起来的中国近代舞蹈家的舞蹈活动对社会影响不大。

《马氏文通》出版

马建忠于光绪二十四年（1898）著成中国第一部系统的语法书《马氏文通》。该书使汉语语法研究走向科学化、系统化的道路。

《马氏文通》的作者马建忠（1845～1900），字眉叔，江苏丹徒人。幼年学习拉丁文、希腊文、英文和法文。1876年，他以郎中资格由李鸿章派往法国留学，后来又兼任当时驻法公使郭嵩焘的翻译。回国后，参加了洋务派集团。出于"因西文已有之规矩，于经籍中求其所同所不同，曲证繁引，以确知华文义例之所在"的目的，他在1898年写成《马氏文通》。

《马氏文通》第一次将汉语的词从语法的角度划分了词类，并且分为实词和虚词两个部分。同时，该书还系统地讲解了句法结构，初步建立了词法

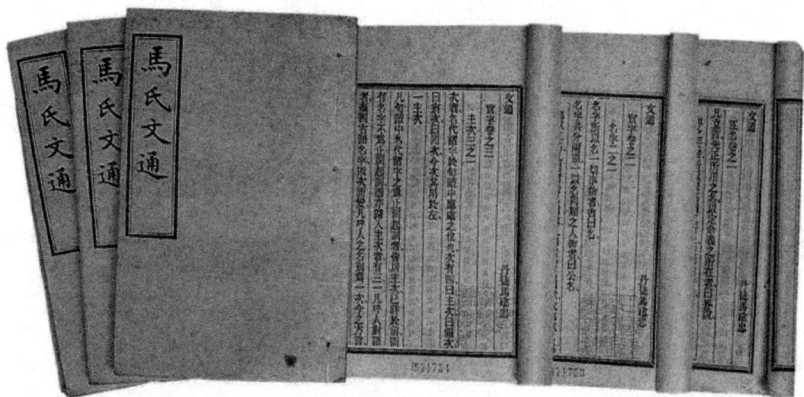

1898年上海商务印书馆出版的《马氏文通》

和句法的语法体系。这一工作，是参照拉丁语系的语法而完成的，其中不免有将汉语牵合拉丁语系语法的痕迹。但《马氏文通》并不是完全生搬拉丁语法，而是在不少地方仍考虑了汉语的特点。

《马氏文通》有很多优点。首先，它广为搜集例句，全书大约有7000句古汉语例句。其次，他不以分类、举例为满足，还注重对语言规律的探讨。他也不愿把自己局限在严格意义的语法范围之内，而是结合修辞，注重语义。在阐述语法的过程中，他注意概念的界定，并讲究逻辑，打破了训诂学用语含混、关系不明确的旧习惯。《马氏文通》虽有很多局限，如所用的还是文言文，在语法体系上也存在不少漏洞，但该书对后来以至现代汉语语法体系的建立，有着极深的影响。

清政府大举借外债

甲午战争后，到1911年间，清政府大举借外债。

咸丰三年（1853），清苏淞太道吴健彰为镇压上海县城的起义军，向上海外商借款，是为中国第一笔外债。19世纪70年代起，清政府通过外国银行在国外发行债券募款，以关税作担保。至1893年共借外债45笔，债款累计折合银元6426万元，其中92%的债权属于英国。

中日甲午战争后，清政府无力偿还巨额的对日赔款，帝国主义列强乘虚而入，竞相贷放巨款。先后有俄法借款、英德借款、英德续借款，合计4782万英镑。这些借款95%由债权国在国外直接转付给日本，中国分文未得。1900年八国联军迫使清政府签订《辛丑条约》，其中赔款一项达白银9.8亿余两，即著名的"庚子赔款"，亦由列强贷款赔付。1910年，列强在争夺中国路矿利权过程中，各国财团联合组成国际银行团，共同垄断国际市场上中国债券的发行。从1894年至1911年，清政府共举借外债110笔。累计债额折合银元16.72亿元，中国实收仅9.17亿元，其他全被债权国以折扣形式侵吞，有的实交仅83%。所借债额，75.3%属政治、军需和财政借款，其他用于铁路和实业借款。债权国中，英国占29.8%，德国与奥地利占21.7%，法国与比利时占18.94%，俄国占15.5%。

朱红灯起义

朱红灯,原名朱逢明,山东泗水人,游民出身。光绪二十四年(1898),朱红灯到长清县(今山东齐河)学习"神拳",曾率领拳众攻毁徐家楼教堂。后因地主民团压迫,他率众退到茌平、平原一带活动。心诚和尚,原名杨照顺,亦称杨天顺,早年出家为僧,又称本明和尚,山东高唐后杨庄人。他一向学习拳棒,在山东禹城丁家寺设厂练拳,是当地义和拳的主要首领。

当时,义和拳组织冠县18村庄乡民焚毁教堂,又在日照县反对传教,殴伤德国教士,接着又在莒州、沂州、兰山、泖水等处不断掀起反洋教、反侵略斗争。第二年,德国侵略军公然占领兰山、日照、即墨、沂州等地,镇压中国人民的爱国运动。清政府派兵与德国侵略军一同镇压,从而激起了以朱红灯和心诚和尚为首的义和拳起义。

光绪二十五年(1899),朱红灯定计集中力量,歼敌中路,以人数3倍于敌的团民,在九月十四日,于森罗殿挫败清军。清军为义和团的声势所震慑,狼狈逃窜。山东巡抚毓贤感到难以武力剿灭义和团,更坚定了招抚的想法。清政府也采纳了毓贤的意见。

义和团在森罗殿之役后发展更为迅速,引起了在山东传教的外国传教士的极度恐慌。他们推请各国领事、公使出面,要求清政府将毓贤革职,永不提用。面对来自外国侵华势力的压力,毓贤加强了对义和团的镇压。十一月,朱红灯、心诚和尚这两位声威卓著的义和团首领在济南英勇就义。

中医出现中西汇通派

19世纪中末期,随着西洋医学的大量传入,我国中医学出现了中西医汇通派。

第二次鸦片战争以后，在西洋医学的猛烈冲击下，中国传统的医学受到重大的影响。西洋医学的优点逐渐被医学界所接受，认为中医和西医各有优、缺点，应相互学习，取长补短，才能使中国传统医学接受新鲜事物，继续发展，以达到一个新阶段。中西医汇通代表着近代中医发展的正确方向，著名的代表人物有朱沛文、恽铁樵、张锡纯等人。

朱沛文（约1805～?）从生理解剖学的角度入手，认为中医精于穷理而拙于格物，西医则长于格物而短于穷理，主张二者应结合起来。但他的汇通只局限在理论方面，还没有深入到临床应用阶段。恽铁樵（1878～1935）对西医作了较深入的研究学习，从理论上阐明中西医汇通的意义，积极主张引进西学以改进中医，但应以中医学术为主体，通仲景之学，以"发皇古义"，不可舍本逐末。他主张欲昌明中医，须沟通中西，融汇新知，取长补短，使新中医"不中不西，亦中亦西"。张锡纯（1860～1933）主张以中医为主体，取西医之长补中医之短，倡导"衷中参西"。在理论上，他将中医脏象学说与西医解剖生理互证，力图沟通中西医。他不仅从理论上进行中西医学汇通的尝试，更进一步注重临床，在中药和西药的结合方面付诸实践。

中西汇通派是中国传统医学发展史上为探索自身的进一步发展，摸索新的道路的一种努力。它是近代西洋医学与中国医学相互作用的结果，代表着近代中医发展的正确方向，形成了近代中医发展史上一股强劲的潮流，对近代中医产生了极为深远的影响。

义和团运动广泛兴起

义和拳来源于白莲教和秘密结社。这些教社，最初都是以"反清复明"为宗旨的。甲午战争后，随着外国资本主义列强对中国侵略控制的加强，反清的号召逐渐让位于反侵略的号召。

光绪二十四年（1898）秋后，山东巡抚张汝梅主张持平解决民教纠纷，并对义和拳组织采取以抚为主的政策后，冠县的义和拳首领赵三多首先打出了"助清灭洋"的旗号。

光绪二十五年（1899），山东清平县义和拳改称义和团。同年夏季，清政府转变了对义和拳一味绞杀的政策，改行抚剿兼施的策略。毓贤接任山东巡抚后，奏请朝廷承认义和拳为合法民间团练，正式改义和拳为义和团。此后，义和拳争得了合法地位，各地义和拳陆续改称义和团。

毓贤对义和团的招抚政策，使山东义和团迅速扩展，团众四处攻打教堂，驱逐教士，与助教士为虐的地方官府作对。光绪二十五年九月，朱红灯在平原县杠子李庄，首先树起"兴清灭洋"的大旗。此后，"顺清灭洋"、"保清灭洋"、"扶清灭洋"等口号都陆续出现，后来大都统一为"扶清灭洋"。同时，日趋高涨的义和团运动也波及直隶、天津。

各国公使因各地教堂遭受沉重打击，多次照会清政府，施加种种压力。清政府畏于列强的一再逼迫，不久后改派袁世凯为山东巡抚，开始了对山东义和团的血腥镇压。

义和团团民

美国提出"门户开放"政策

光绪二十五年（1899）八月至十月，美国国务卿海约翰先后训令美国驻英、俄、德、日、意、法各国大使，向各国提出关于"门户开放"的照会，并请各国对照会作出承诺。

"门户开放"的主要内容是：一、承认各国在华攫取的势力范围及租借地内的任何既得利益；二、各国运往前述势力范围内一切口岸的货物，一律遵循中国现行的约定关税率；三、各国在其势力范围内，对他国船舶不得课以高于本国船舶的港口税；四、对通过铁路运输的他国的货物不得征收高于本国同等里程、同等类型货物的运费。

这种"门户开放"政策，实际上就是在承认和维护列强在中国的租借地、势力范围等一切既得特权的前提下，使各国在中国都可求得均等的贸易机会，也就使晚到的美国得以插足中国市场。次年，美国发出第二次"门户开放"的照会，在强调保护美国的在华利益的同时，主张以华治华。

美国政府两次提出的"门户开放"政策，构成了美国侵华政策的根本方针；也成为后来八国联军入京后，各国在北京进行分赃谈判的基本原则。

莫高窟藏经洞的发现

光绪二十五年（1899）五月二十五日，甘肃省敦煌莫高窟人员在清除第16窟淤沙时，偶然发现一个小洞，门仅高出地面1米，洞长2.7米，宽2.5米，高3米，顶呈覆斗状，空间约为19立方米。洞内有长方形禅床式低坛，上塑高僧洪䇏的坐像。洞的北壁绘有比丘尼与侍女图，西壁嵌有洪䇏的告身敕牒碑。

这个藏经洞中最重要的发现是5万多件经卷、文书、织绣、画像等文物。其中大量的文字典籍文卷，除汉文写本外，还有1/6的藏文、梵文、佉卢文、粟特文、古和阗文、回鹘文等各种民族文字写本；另有绢本绘画、刺绣等美术品共几百件。写本中除佛经、道经、儒家经典外，还有史籍、诗赋、小说、民间文学、地志、户籍、帐册、历书、契据、状牒、信札等，包括从公元4世纪近10个朝代的文物图书。其中以唐、五代人的民间文学的变文抄本为最多。这些文本的内容可以分为两类：一类为演绎佛经的故事；另一类为古代的历史故事、民间传说和当时的人物故事，如《降魔变文》、《秋胡变文》等。

　　莫高窟藏经洞的发现，是19世纪、20世纪交接时震惊中外学术界的大事。由此在社会科学领域里形成了"敦煌学"这一专门学科。但在同时，该窟也引来了各国文物强盗的疯狂掠夺。

甘肃敦煌莫高窟

甲骨文发现

甲骨文即商周时期镌刻在龟甲或甲骨上的卜辞文字，清末光绪二十五年（1899），由在京做官的金石学家王懿荣首次发现。关于王懿荣发现甲骨文的经过有两种传说。一说是王氏在京生病，中医所开中药中有"龙骨"。当仆人从宣武门外菜市口达仁堂买回中药，王氏开包检视时，发现"龙骨"上有刀刻的篆文，感到十分惊讶。王氏平素喜好研究金石学，对铜器铭文颇为精通，立刻想到这一定是古代文物，便派人到达仁堂药店询问"龙骨"的来源，并将店中字迹清晰的"龙骨"全部买下来。从此埋藏地下3000多年的商代甲骨文才被人们所注意和认识。

另一种传说是，光绪二十五年，山东潍县古董商范某，从河南安阳小屯收购到少数带字的甲骨，把它们当作古董转卖给王懿荣。王氏当时在北京任国子监祭酒兼团练大臣，平素喜好收藏金石，对古文字研究颇为精深，一见范某带来的"龟版"，即知道是很有价值的古代文物。王氏便重金买下。后来又有潍县古董商赵执斋得到数百片甲骨，也被王氏收购。王氏先后两次共得到甲骨1000余片。

这两个传说虽然说法不同，但都说明王懿荣是认识和研究商代甲骨文的第一人。然而甲骨出土，可能在宋代已经开始，但可惜当时无人能识，未引起注意。近代发现甲骨也早于1899年。据罗振常1911年在安阳收购甲骨的经历可以知道，当地30年前已有发现甲骨，比如农民犁田，往往掘出骨片，骨片上有文字，又涂成红色，并不知为何物。人们深以为异，又采掘一些，却卖到药铺，称为"龙骨"。

王懿荣发现商代甲骨文后，安阳殷墟即遭到私人盗掘，直到1928年中央研究院开始在殷墟进行正式考古发掘。

甲骨文的发现，不仅为研究我国商朝历史提供了珍贵的资料，而且也为研究人类社会古代历史提供了重要材料，开创了我国古文字学研究的新领域。

帝国主义瓜分中国进入高潮

　　列强瓜分中国的竞争是以俄、英两国为主角展开的。中日《马关条约》后，清政府割让辽东半岛给日本，这对于对中国东北早怀有贪婪野心的俄罗斯来说是不可接受的。于是就出现了俄、德、法"三国干涉还辽"的事件。东北是清廷祖宗发祥之地，俄国的"帮助"对清廷有恩，因此，清廷一笔达4亿法郎的高利贷款外债就让给了俄、法。1896年6月，俄国政府软硬兼施，诱迫李鸿章在莫斯科签订了《中俄密约》，以共同防御日本为由，向中国东北伸展魔爪。不久俄国又趁德国强占胶州湾之机，于1897年底派军舰开赴旅顺，第二年迫使清政府签定《旅大租地条约》，强占旅顺、大连，并获得了南满铁路的修筑权，把整个东北划入了自己的势力范围。

清末一位爱国人士画的《时局图》。图中熊代表俄国，虎代表英国，蛤蟆代表法国，太阳代表日本，鹰代表美国。此图形象地揭露了帝国主义瓜分中国的形势及清廷的腐败。

德国也狮子大开口，于 1897 年 11 月，借口山东巨野两名传教士被杀一案，派兵强占胶州湾沿岸各地。次年 3 月，迫使清政府签定《胶澳租界条约》，把山东划入了自己的势力范围。

法国在"三国干涉还辽"之后，首先向清廷索取"报酬"。法国迫使清朝在 1895 年 6 月签订了中法界约和商约，割占了我国云南边境的一部分领土，获得了陆路通商减税的特权，并首先获得了筑路、开矿的特权。1897 年，法国迫使清政府向法国正式宣布不把海南岛让与其他国家，这是中国政府第一个不割让声明。法国用这一方式将海南岛划入自己的势力范围。1898 年 4 月，法国获得了租借广州湾的特权。从此，广东、广西、云南划入了法国的势力范围。

英国在华势力最大，面对俄、法咄咄逼人之势，英国转而开始与日本接近，共同对抗俄国。1898 年 7 月，英国获得租借威海卫的权利。在铁路让与权方面，英国于 1898 年 5 月获得修筑沪宁铁路的权利，6 月又获得修筑山海关至牛庄的铁路权利，与俄国在东北的势力展开竞争，8 月又获得天津至镇江、山西、河南至长江沿岸等五条铁路的修筑权。1897 年，英国又迫使清政府签定条约，获得了中国西南边境的大片领土，在两广、云南一带与法国势力分庭抗礼。1898 年，中英双方又签订了《展拓香港界址专条》，获得了"九龙""新界"大批土地的租借权。这样，英国在广大的长江流域及华南、西南、东北等地都划定了自己的势力范围。

美国是一个后起的、发展迅速的国家，由于种种原因没参加瓜分中国的狂潮。1899 年，美国国务卿向英、俄、德、法、意、日 6 国提交了第一次"门户开放"照会，以承认列强在华的势力范围和既得利益为前提，要求各国在势力范围和租借地内实行同等的关税、入港费和铁路运费。除俄国外，各国大体上接受。门户开放政策为美国依仗自己的经济优势，与列强分享侵华利益提供了保证。

这样，中日甲午战争后，短短两三年内，帝国主义列强就掀起了一股瓜分处于半殖民地半封建社会状态的中国的狂潮。

袁世凯镇压义和团

袁世凯任山东巡抚后，就准备以镇压山东人民的反洋教斗争，来报答外国使团对他的赏识。

光绪二十五年（1899）十一月二十八日，肥城县大刀会群众杀死了路过当地的英国牧师卜克斯。袁世凯故意夸大案情，判处两人死刑，一人终身监禁，两人有期徒刑，并将肥城知县撤职。他还向当地人民勒索白银 9000 两和 5 亩空地给教会，罚出事地点群众白银 500 两，为卜克斯立碑。

光绪二十六年（1900）三月，袁世凯奏请清廷允许他扩充新军马炮步队 20 营，增立一军，称武卫右军先锋队，后又招募马步 8 营。扩军之后，他开始对山东各地的义和团进行血腥屠杀，各县义和团都遭到袁世凯毁灭性的打击。到四五月间，王玉振、王立东、孙文、徐福、孙洛泉等义和团首领先后牺牲，义和团十余部都被袁军扑灭。残存的义和团只能忽聚忽散潜伏活动，或转入直隶。

由于袁世凯的屠杀，使本来仇教打教的义和团又开始仇视官府，民间流传歌谣"杀了袁鼋蛋，我们好吃饭"。袁世凯为防人刺杀，寝食不安，以致"于卧室外密护铁网"。

袁世凯像

学堂乐歌活动兴起

19 世纪末，西方列强大举入侵中国，民族危机日益严重。为了救亡图存，一些先进知识分子极力提倡效法日本明治维新，主张废除科举，创办新式学校，并在所开办的新式学校中开设音乐课程。中西学堂、南洋公学、两江师范、中西女塾都在图画工艺课和体操课中附教音乐唱歌，当时称为乐歌。在此后所建立的新学中乐歌课必不可少，学堂乐歌活动从此开始兴起。

作为一种新的音乐文化，学堂乐歌引进了外来曲调，填以反映新思想和新内容的歌词，构成了一种与我国传统庙堂音乐完全不同的新体裁。其内容包括反对列强侵略、瓜分，歌颂祖国历史和大好河山，揭露清王朝腐败统治，唤起民众为拯救危亡中的中华民族而奋斗的斗志，民主思想和爱国主义精神十分强烈。如《中国男儿》、《何日醒》、《祖国颂》等，这些歌曲多借用外来曲调，显示出将西洋音乐与中国歌相结合的气象，它无疑是我国近代歌曲创作的开端。这一时期乐歌简洁鲜明，高昂有力，极富感召力。

学堂乐歌活动的兴起是废除科举、兴办学校并传播新思想的结果。戊戌变法失败后流亡日本的知识分子中，出现了沈心工、曾志忞、萧友梅、高寿田、冯亚雄、李叔同等一批专门学习音乐或考察教育的人士。当时流亡日本的梁启超也积极参与推动学堂乐歌发展的活动，他不仅宣传和评述作家、作品，而且还自己创作乐歌。1902 年 2 月由沈心工、曾志忞在东京创立的"音乐讲习会"，是中国人举办近代音乐讲习的首创。随后《浙江潮》、《江苏》、《新民丛刊》等先后发表了《中国音乐改变》、《音乐教育论》等论文，积极宣传乐歌，从而极大地促进了我国乐歌活动的发展。

国内的学校，已普遍开设了乐歌课。1904 年，沈心工、高砚云等在上海发起"美育音乐会"，积极从事研究和促进乐歌创作的活动。在这一年，乐歌宣传和创作活动达到高潮，发表作品达 80 首，同年，中国第一部学校音乐教科书《学校唱歌集》第一集出版，曾志忞译补了《乐典教科书》。这些学堂乐歌成果，对于这一活动和中国近代音乐史都具有重要的意义。

当时的学堂乐歌多以合唱形式出现，流传广泛且鼓动性极强。1903年国民总会在上海集会，1905年上海反美爱国运动，群众都是高唱学堂歌曲以鼓舞士气的。辛亥革命前后，乐歌活动更呈现出一派欣欣向荣的局面，为凝聚民众精神起到了巨大的作用。

义和团与联军大战于廊坊

光绪二十六年（1900）五月上旬，开进天津租界内的各国联军已超过2000人。五月十一日前后，各国驻华公使被授予武力镇压义和团的全部权力。他们立即要求在天津的各国部队向北京进发。五月十三日，八国联军正式组成后，制定了占据天津，由铁路进犯北京的计划。

五月十四日，英军中将西摩率联军2000多人，分3批从天津乘火车北进。消息传到北京，董福祥率领的清兵甘军迅速控制了北京车站，准备迎击联军。十五日，前往火车站迎接联军的日本使馆书记官杉山彬，在永定门外被甘军射杀。在联军开往北京的途中，沿铁路线的义和团及民众破坏了铁路，随处拦击侵略军。

当联军到达廊坊时，被蜂拥而来的义和团及民众包围。这些团民和民众直扑联军，将联军团团包围。十八日，联军突围北进，团民继续围堵，面对来福枪和机关枪的扫射，毫无惧色，直逼火车。同一天的下午，义和团又猛攻京津路上已被联军占据的落垡车站，迫使西摩派部分联军回去救援。这一路联军被包围在廊坊和杨村之间，前后两端的铁路都被拆毁，火车无法行进，联军进退不得，供应断绝。二十日，西摩率领部分联军退到杨村，企图改由运河水路向北进犯，被击退。二十三日，西摩由水路逃往天津。二十七日退到西沽，随即又被清军和义和团围住。直到三十日，大队联军赶到，被围的联军才退回天津。

这次战役被称为廊坊之战，义和团大胜，联军被击毙62人，伤228人。

话说 中华文明

大清已成历史

油画《义和团廊坊大捷》

慈禧利用义和团·义和团进京

光绪二十六年（1900）春季以来，直隶、天津一带的义和团日趋活跃，各国使团一再威逼清政府予以镇压。

对此，清朝统治集团内剿抚对垒分明。端王载漪等为了使溥儁早日继位，主张利用义和团，与扶保光绪皇帝的列强抗衡。而总理各国事务衙门的大臣许景澄、袁昶、联元等与封疆大吏李鸿章、刘坤一、张之洞等相呼应，认为若招抚义和团就给了列强入侵的口实，将使中国蒙受更大的损失，坚决主张剿灭。慈禧太后因为忌恨列强干预朝政，倾向于借义和团的力量泄个人私愤，但是又怕列强会大兵压境，颠覆自己的统治，因而动摇不定。

当时，地方上有为数不少的官吏，因痛恨列强的侵略行径，同情和支持义和团抵抗外侮的爱国举动，纷纷要求朝廷对义和团采取招抚政策。利用国内舆论的支持，主抚派在朝廷内占了上风，坚定了慈禧太后招抚的决心。清廷暂时承认了义和团的合法地位，默许他们进京。

同年的五月二十五日，慈禧太后发布对外宣战谕诏后，颁布了招抚义和团的谕诏，称义和团是保卫国家的义民，想借义和团的力量对抗列强。

从此，京外义和团团民昼夜鱼贯进入京城，日以千计，到处设立神坛拳厂，北京城顿时成为义和团的世界。五月下旬，义和团与董福祥甘军一道，对各国驻京使馆发起围攻。德国公使克林德等人被清军虎神营士兵在东单牌楼击毙。围攻战持续了56天，团民们奋不顾身地战斗，把北京的义和团运动推向高潮。

八国联军攻陷天津北京

光绪二十六年（1900）五月一日晚，义和团焚烧丰台火车站的消息和京

大清已成历史

津铁路轨道都被拆毁的谣言，同时传到东交民巷。各国公使感到形势恶化，立即举行会议，一致同意调军队保护各国使馆。第二日，驶达大沽口外的各国舰队先后接到奉命进京的电报，并迅速派出陆战队，由海河乘船到达天津，准备向北京进犯。

迫于列强的威逼，慈禧太后命令总理衙门同意奥、英、法、德、意、日、俄、美八国调兵入京，但每一国派兵不得超过 30 名。这些军队实际上是八国联军的先遣队。五月上旬，进入天津租界内的各国军队已达 2000 人。五月十三日，各国驻津领事和海军统帅在英国领事贾礼士请求下举行会议。在美国领事的撺掇下，会议决定将在津的八国现有兵力组成进军北京的联军，由在津军队中级别最高的英国人西摩中将为统帅，美国人麦卡加拉上校为副统帅。八国联军正式组成。

光绪二十六年（1900）五月二十一日，大沽炮台失陷后，天津义和团和清军就开始攻打紫竹林租界，天津战役由此爆发。五月二十五日，清政府宣布对各国开战。

六月一日，义和团著名首领张德成率"天下第一团"5000 多人进入天津，参加战斗。清政府鉴于驻津清军势单力薄，聂士成部武卫前军只有 10 营驻在天津，于是急调马玉昆、宋庆这些驻山海关的军队到天津增援。义和团和清军攻打紫竹林的战斗整整持续了一个月。

聂士成部是清军中战斗力较强的新军，在租界与联军恶战十多次，斩杀的敌军比其他各军都多。但各国联军从大沽源源进入天津，力量大为增强。

图为 1900 年八国联军在天津大沽口登陆的情形

六月十三日，聂士成战死，天津防御力量急剧衰退。宋庆接手天津战事后，又伙同马玉昆大肆屠杀义和团，致使天津于十八日失陷。八国联军接着向北京进攻。

光绪二十六年（1900）七月二十日，八国联军侵入北京。凌晨，俄军从东便门攻入，守城甘军占据制高点阻击敌人，激战延续到下午，俄军才占领建国门并从此涌入内城。随后，日军占领朝阳门，英、法、美等国军队也相继进入北京城。负责防卫的荣禄，以及他所率领的武卫中军和神机、虎神等营几万清军作鸟兽散。二十一日凌晨，慈禧太后挟持光绪帝，微服出德胜门逃离京城。二十二日，北京陷落。

联军入京后，对北京义和团和广大民众进行了残暴的屠杀，城内尸积遍地，腐肉白骨纵横。联军还在城中肆意放火，凡设过拳坛的王公府邸、寺观和民宅，都放火焚烧，使昔日金碧辉煌的北京城，一变而为到处破墙残垣、满眼荒野萧条。大批珍贵图书档案遭到焚毁和劫掠。

义和团民在菜市口刑场被杀

联军进入大清门

　　同年的十一月三日，各国驻华公使团以同文照会形式，将《议和大纲》12 条交清政府议和大臣，转达西安行在。该《大纲》提出一系列苛刻条件，要求惩处罪魁，赔偿损失，撤销军事设施，开放北京至渤海通道等。李鸿章等议和大臣，为保慈禧太后的地位，在谈判过程中，不停奔走于各国公使之间。六日，慈禧太后发布谕诏，同意所有 12 条大纲。又按各国公使要求，在谕诏上加盖御玺，作为照会副本，光绪二十七年（1901）十一月二十六日分送各使馆，正式生效。

联军在乾清宫内

古观象台遭浩劫

1900 年，随着八国联军发动对中国的侵略战争，北京再一次被列强军队攻占、洗劫，德、法侵略军焚毁钦天监观象台，抢走仪器，古观象台遭受严重浩劫。

八国联军在北京大肆抢掠金银珠宝的同时，也对他们认为价值连城的古董——观象台上的天文仪器进行抢劫。德国的统帅瓦德西认为这些天文仪器有极高的艺术价值，它们的造型和各台仪器上的龙形装饰极为完美，首先下令德军抢劫这些天文仪器，把天体仪、纪限仪、玑衡抚辰仪、地平经仪和浑仪抢运回德国。而善于从世界各地掠取艺术品的法国人更不甘落后，在德军抢劫 5 件贵重仪器后，抢走了地平经纬仪、象限仪、黄道经纬仪、赤道经纬仪和简仪。这些仪器都是可用的，但经过这次拆卸搬运遭到很大破坏。直到 1902 年和 1921 年，这些仪器才由法国、德国被迫归还中国。

造于乾隆九年（1744）的玑衡抚辰仪，在 1900 年被德国人抢运回国。

造于康熙十二年（1673）的象限仪，在 1900 年被法国人掠入法国大使馆。

英国骗占开滦煤矿

开滦煤矿的前身是1878年由李鸿章创办的官督商办性质的开平矿务局，因煤藏丰富，地理优越，加上经营有方，盈利甚巨，引起帝国主义列强的垂涎。1898年英商墨林勾结开平矿务局督办张翼的顾问德国人德璀琳，以借款方式打入矿务局；接着又密谋策划引进以英国和比利时为代表的国际财团资本，将矿务局变成中外合资公司。1900年义和团运动爆发后，英国趁八国联军入侵之机采用阴谋手段，威逼利诱，无代价骗取了开平矿务局。

开平矿物局被英人骗占后，为抵制英人，并最终收回开平，袁世凯于1906年命周学熙创办滦州煤矿。滦州煤矿初定资本200万两，至1910年共出煤35.7万余吨，形成与开平矿竞争抗衡的局面。开平矿务局在英国政府和国际财团的支持下，以政治和经济手段压迫滦州煤矿。滦州煤矿在种种压力下 难以为继，被迫于1912年1月与开平矿务局签订"联合办理草合同"，双方各出资100万英镑合资成立开滦矿务总局。同年6月，时任中华民国临时政府大总统的袁世凯批准了"联合办理

1899年德国在汉口设立的德华银行

正合同"，"联合办理"被政府承认为既成事实。由于经营管理权掌握在英人手中，实际上是英国以"联合办理"之名，对滦州煤矿实施兼并。

俄国制造六十四屯和海兰泡惨案·侵占东北

光绪二十六年（1900）六月，俄国制造了六十四屯和海兰泡惨案。

海兰泡，原名孟加屯，位于黑龙江省瑷珲县黑河镇北岸，本是中国的一个居民村。第二次鸦片战争中，俄国强迫清政府签定《瑷珲条约》，将其割让，改名为布拉戈维申斯克（意为"报喜城"）。为了永久拥有这块土地，俄国蓄意对这里的中国居民进行血腥屠杀。

光绪二十六年（1900）六月，俄军四处搜捕中国居民，将他们驱赶到黑龙江畔。途中走不动的、掉队的，都被俄军砍死或枪杀。俄军对不愿下水的人，开枪扫射，随意劈砍，到二十四日为止，被残杀、淹死的海兰泡居民超过 5000 人。

俄军还血洗了江东六十四屯。江东六十四屯位于黑龙江东岸，历史上曾有 64 个中国居民村落，因此得六十四屯之名。从六月二十一日开始，俄军几次冲进这块中国领土，残杀、焚烧、掠夺，中国民众惨死 7000 余人，财产损失合 300 多万银元。

在制造海兰泡和江东六十四屯惨案的同时，俄军也开始大面积侵占中国的东北。俄军借口保护正在修筑的中东铁路，调集 17 万大军，兵分 6 路入侵。

第一路从伊尔库次克和外贝加尔攻入海拉尔，进逼齐齐哈尔。第二路由海兰泡进攻瑷珲，又经墨尔根与第一路军会合于齐齐哈尔。第三路由伯力（哈巴罗夫斯克）进攻三姓、哈尔滨。第四路由双城子（乌苏里斯克）向哈尔滨挺进。第五路从海参崴出击，进军吉林。第六路从欧洲由船舰载到旅顺登陆，进攻盖平、营口、辽阳、奉天。参与八国联军的部分俄军，还从关内经山海关，攻占了锦州。光绪二十六年（1900）闰八月八日，俄军进占了清王朝的发祥地盛京（今沈阳）。

同年十月下旬，东北铁路沿线及主要城市，全部沦陷。在俄国侵略东北的整个过程中，有大约 20 万无辜的中国民众在侵略者的屠刀下丧生。

新式银行兴起

　　甲午中日战争后，帝国主义开始向中国输出大量资本也输出大量商品，促使商品货币流通范围不断扩大，中国金融市场也随之扩大。各大城市及沿江沿海通商口岸商品购销网络的增加吸引了大量的资金，这就要求必须有银行这种新式金融机构来满足金融市场的需要；同时，民族资本主义迅速发展，国民要求收回被帝国主义强占的利权，清政府也有急迫的经济需要，故自上而下都有自办本国银行的强烈愿望。在这种条件下，中国新兴金融业，即现代银行开始兴起。

　　第一家近代银行是 1897 年由洋务派官僚盛宣怀筹办的官、商合股中国通商银行，是新式银行兴起的发端，虽带有很深的半封建半殖民地色彩，对民族资本主义的发展仍起到了一定的促进作用。1905 年起，清政府开始正式开办国家银行，包括户部银行（后来的中国银行）和北京交通银行，规模较大，分号、分行分布在全国各地。省级地方政府也纷纷仿照中央设立官银钱号这种省级地方银行，旨在缓解国家或地方的财政困难。

　　到了 1906 年，中国私营银行开始崛起。这种由民间资本独立创办、经营的银行的出现，展现了新式银行在国民经济生活中的积极作用，使资金在商业、运输业各方面流通较畅。其中比较著名的有 1906 年由无锡富商周延弼创办，在上海开业的中国第一家私营银行信成银行，这是仿照日本银行法规，以商业银行兼营储蓄开展业务的。1907 年 5 月 17 日开业的浙江兴业银行，顺应收回利权的潮流，以合理保管和利用铁路股款、发展本国金融业为宗旨。清后期较成功的私营银行是 1908 年由浙江人李云书在上海集资创办的四明银行，主要业务是将资金投放于商业和航运业，并发行银行券。另外，还有裕商银行、殖业银行等。这一阶段为中国私营银行初创阶段，成功者不多。

　　由于中国金融市场早已被外国在华银行控制，中国新式银行出现后发展举步维艰，难以和外国在华银行抗衡。但它毕竟适应了中国社会向前发展的需要。

清末银元

基督教在华传教事业达到顶峰

　　鸦片战争后，西方列强用大炮打开了中国大门，基督教随之而来。至清朝末年，基督教在华传教事业达到了顶峰。

　　1842年，英国与中国签订的第一个不平等条约——《南京条约》规定："耶稣、天主教原系为善之道，自后有传教者来到中国，一体保护。"此后在1844年中美《望厦条约》、1844年中法《黄浦条约》这些不平等条约的保护下，基督教各派在口岸城市迅速传布。

　　然而，外国传教士并不满足于仅在口岸城市传教，他们以各种形式向内地渗透，而且获得了购置田产的权利。这样，基督教各派势力在各地就迅速发展起来。鸦片战争前共有5个天主教传教会在华活动，为西班牙多明我会，巴黎外方传教会，方济各会，遣使会和耶稣会。

　　鸦片战争后，不仅原有的教派继续发展，而且又有许多新的修会相继来华。其中有密良外方会（1869），圣母圣心会（1865），奥斯定会（1879），圣伯多禄圣保禄修会（1885），德国司带尔圣言会（1879）等等。修女会也不甘落后来到中国，如仁爱修女会（1842），沙德圣保罗女修会（1848），加诺萨女修会（1860），拯亡会（1867），包底欧上智会（1875），多明我女修会（1889）等，接踵来华。他们盖教堂，发展教徒，办医院、孤儿院、

大清已成历史

留养院以及各类学校，出版图书报刊，成为一股庞大的以宗教形态出现的殖民势力。

基督新教传入中国较晚，但鸦片战争后的发展则比较快。随着教会各派传播活动的展开，华人牧师和教徒人数不断增加。到1914年新教徒人数达到25万，外国在华传教士5978人。基督礼教与天主教一样，在宗教活动以外，也建学校、办医院、出版图书、从事慈善福利事业。

东正教在中国发展相对较慢，但到清末也有一定规模。东正教先后在哈尔滨、沈阳、旅顺、上海、天津、青岛、新疆等地建立教堂。至1917年，属于俄罗斯东正教北京教团的有教堂37所，神学院1所，男女学校20所，气象台1座，企事业机构46家，财产150万卢布。因东正教修士大司祭、修士司祭、辅祭等多不通汉语，故对中国人影响一直不大。据1906年统计，中国籍信徒仅725人。

法国天主教会建于上海徐家汇的圣依纳爵天主堂，1910年落成。

敬安修行

清中叶后，佛教禅宗临济天童系较为消沉，太平天国受到冲击后还依靠金山净心之力复兴，仅在天童祖庭得以维系。但在清末，天童寺出了一位德高望重的高僧敬安法师，声名远播。

敬安（1852～1912），字寄禅，湖南湘潭人。他重苦行，27岁时在宁波阿育王寺舍利塔前烧去二指，并割臂肉燃灯供佛，因此有"八指头陀"的别称。他幼年不幸，7岁丧母，12岁丧父，家贫失教，但酷爱读诗写诗。16岁出家后，一边读经参禅，一边苦吟不辍。成年后，他终于成为闻名天下的"诗僧"。他曾经遍访江浙一带禅林，成名后先后担任衡阳罗汉寺、衡山上封寺、大善寺、宁乡沩山密印寺、湘阴神鼎山寺、长沙上林寺主持。最后主持宁波天童寺10年，夏讲冬参，门庭若市，恢复了天童寺昔日的昌盛景象。

敬安常用诗来表达他的佛学思想，"日月精华从性得，乾坤元气自心生"，表明他的"真心一元论"观点；"真如既不变，万有徒纷然"，表明真如的力量。他的思想并没有超过其他禅僧，只是用诗来表达，形式新颖生动。他晚年归心净土，用旖旎动人的词句描述了净土世界的极乐生活，有很大感染力。在心系净土的同时，敬安也没有忘记苦难的祖国和同胞，许多诗文表达了他的爱国之情。

当清末社会上兴起侵夺寺产之风后，静安与一些立志护教的名僧、居士于1912年在沪筹组中华佛教总会，他被推为会长。他屡次劝谏政府禁毁寺夺产之风，遭到政府内务部礼俗司司长杜关侮辱，愤而退归法源寺，一病不起，于12月2日病逝。敬安之死在社会上引起震动，袁世凯下令核准中华佛教总会章程，并颁布"管理寺庙条例"，按旧制保护寺产。

1901 ～ 1911A.D.

清朝

1901A.D. 清光绪二十七年

签订《辛丑条约》。

1903A.D. 清光绪二十九年

开始编练新式陆军。黄兴、宋教仁等组织华兴会。

1904A.D. 清光绪三十年

七月，英军侵西藏，与英订《拉萨条约》。

十月，蔡元培、章炳麟、徐锡麟、秋瑾创立光复会。

1905A.D. 清光绪三十一年

广州、上海及沿海各大商埠反美运动纷起，抵制美货。孙中山将兴中会与华兴会、光复会合并为中国革命同盟会。

1907A.D. 清光绪三十三年

五月，徐锡麟刺杀巡抚恩铭，失败，徐锡麟、秋瑾被捕，死。孙中山至安南，指挥革命活动，在惠州起事，又起义于钦州、廉州。

1908A.D. 清光绪三十四年

十月二十一日，德宗死，以醇亲王载沣之子溥仪入继大统；二十二，慈禧太皇太后死。

1911A.D. 清宣统三年

三月二十九日，黄兴等起义于广州，事败，死者七十二人。四月，废军机处、旧内阁，颁新内阁官制，为"亲贵内阁"。五月，四川成立保路同志会。八月十九日（公历十月十日），武昌新军起义，黎元洪被推为都督。各省陆续独立。十一月，各省代表会议在南京举行，选举孙中山为临时大总统。

1903A.D.

俄国社会民主工党举行第二次代表大会于比京布鲁塞尔，同意列宁主张者被称为"布尔什维克"（多数），反列宁主张者称"孟什维克"（少数）。

1904A.D.

日俄战起。

1905A.D.

1月22日，彼得堡工人游行请愿，在冬宫前，沙皇军警开枪射击。10月，全国总罢工。12月，莫斯科工人武装起义。

爱因斯坦发表狭义相对论。

新政推行

1901年1月29日，慈禧太后下诏变法，要"取外国之长"，"去中国之短"，开始实行"新政"。

清末"新政"是在不改变封建君主专制体制的前提下，吸收西方技术，重建统治秩序。其主要代表是洋务派的后起人物袁世凯和张之洞。在"新政"推行的最初3年里，比较突出的有三件事。

第一是提倡和奖励私人资本办工业。1903年9月，朝廷成立了商部，由前一年曾被派往英国、法国、美国和日本考察的皇亲贵族载振担任尚书，工矿业和铁路都归这一部管理。商部成立后就立即着手制定商律，并提出了"奖励公司章程"，鼓励私人自由发展实业。1904年1月，颁布了商会简明章程，允许资产阶级组织商会，维护自己的利益。这样，清末私人资本主义经济有了较快的发展。

第二是废除科举考试制度，设立学堂，提倡出国留学。学制的改变是"新政"的重要内容。1901年清廷即命各级书院分别改为大学堂、中学堂、小学堂，引进新式教育。1904年1月，张之洞等制定通过了学堂章程，将普通教育分为初等、中等、高级教育。这就是具有近代化性质的"癸卯学制"。从1906年起，停止科举考试，一律从学堂选拔培养人才。中国延续了1000多年的科举考试制度，从此结束。为了适应"新政"的需要，清政府还从各地选派大批学生留学欧美、日本。

第三是改革政制与军制。为了适应列强共同统治中国的需要，1901年7月，改总理各国事务衙门为外务部。在军制方面，由于清军在甲午、庚子两役中的惨败，暴露出旧式军队的腐败无能。1903年12月，清廷成立练兵处，以奕劻总理练兵事务，袁世凯为会办练兵大臣，袁世凯实际掌握了练兵大权。1905年5月，编成北洋6镇，掌握了陆军精锐之师。1906年11月，改兵部为陆军部，归并练兵处，次年又制定了编练新建陆军36镇的庞大计划。同时，袁世凯又在保定主持开办军官学校，培养北洋军事骨干。

　　清末新政，在实际操作上是戊戌新政的继续。它是在不触动旧有的封建势力的基础上采取的防危补救措施，从某种程度上讲，它是清廷向西方列强讨好的一种表现。但是，沉重的庚子赔款，浩繁的新政开支，大大加重了人民的负担，因而更加激化了社会矛盾。

《辛丑条约》签订

　　光绪二十七年（1901）七月二十五日，清政府全权谈判大臣奕劻、李鸿章与英、美、俄、德、日、法、意、奥、西、荷、比等11国公使在北京签订《辛丑条约》（即《辛丑议定书》或《辛丑各国和约》）。《辛丑条约》共12款，另有19个附件。主要内容有：

　　1. 中国赔款四亿五千万两白银，以关税、盐税和常关税作担保，分三十九年还清，年息四厘，本息合计白银九亿八千余万两，被称为"庚子赔款"；2. 在北京东交民巷设立使馆区，界内不准中国人居住，由各国派兵驻守；3. 拆毁大沽炮台和北京至大沽沿途的各炮台，外国军队驻守北京和北京至山海关沿线十二个战略要地；4. 清政府在各地颁布上谕两年："永禁设立或加入与诸国仇敌之会，违者皆斩。""惩办"首祸诸臣及地方官。各省官吏必须保护外国人，否则"即行革职，永不叙用"。若有外国人"被虐"或"被杀"地区，停止文武各等考试五年；5. 清政府允许将各个通商条约中"诸国视为应行商改之处"及其他应办的通商事项，"均行议商"。6. 将原来的总理各国事务衙门改为外务部，其地位"班列六部之前"。7. 清政府应分别派王公大臣赴德、日两国"谢罪"，并在德国公使克村德、日本使馆书记官杉山彬被杀处建立牌坊。

　　《辛丑条约》是个丧权辱国的条约，从此中国完全沦落为一个半殖民地、半封建的社会，政府愈加腐败无能，百姓生活苦不堪言。

清廷全权代表庆亲王奕劻（前右一）、李鸿章（前右二）与英、美、俄、德、日、奥、法、意、西、荷、比等 11 国代表在北京签订《辛丑条约》。

《顺天时报》发行

光绪二十七年（1901 年 10 月），日本人中岛真雄在北京创办了中文版《顺天时报》，成为外国人在中国出版发行的第一张日报。

中岛真雄创办《顺天时报》后，利用报纸介绍中日双方的一些政治、经济、军事等方面的时事。光绪三十一年（1905）日俄战争即将结束，日本为了加强对中国的侵略，其驻华公使馆接办了《顺天时报》，作为日本外务省在华的"半官方"言论机关。上野岩太郎、龟井陆良等先后出任社长，禀承外务省侵华需要，在中国各主要城市遍布记者和通讯员，搜集中国政坛内幕和有关军事、政治、经济情况，支持亲日派军阀，反对中国革命，积极干涉中国内政，充当日本帝国主义侵略中国的重要工具。该报遭到中国人民的强烈抵制和反对，被人们称为"逆天时报"，多次发生报贩拒卖、邮电职工拒寄报纸的事件。《顺天时报》日出对开 2 张，最高日销售量才 12000 份左右。在中国人民的反对下，该报于 1930 年 3 月 26 日被迫停刊。

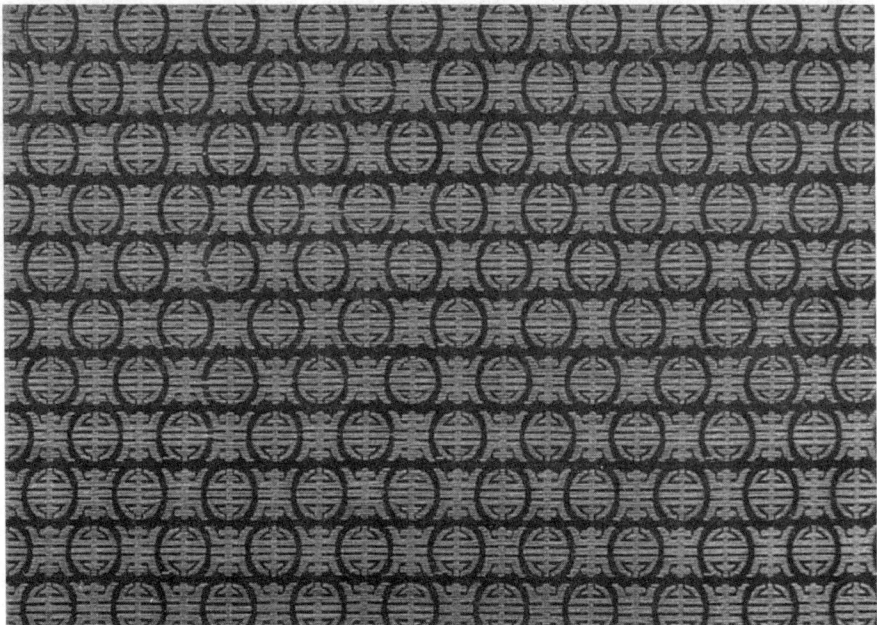

清光绪时期的寿字锦匹料。清人已习惯于将完全图案化的寿字织进锦缎，以满足穿着者的需要。

梁启超提出新史学

　　光绪二十七年（1901），29岁的梁启超在《清议报》上发表《中国史叙论》一文；次年，他又在《新民丛报》上发表长文《新史学》。这两篇论文，是中国资产阶级史学家批判传统史学、试图建立新的史学理论体系的重要标志。《中国史叙论》是作者计划撰写一部中国通史的理论构想。《新史学》是作者在《中国史叙论》的基础上，就普遍的史学理论问题作进一步阐发。作者以"新史氏"自称，呼吁"史界革命"，倡导"新史学"。

　　历史学应以进化论为指导思想，考察和叙述种种进化的现象，这就是"新史学"的本质。

　　关于历史哲学和史学的社会作用，作者指出："历史'撰述'者，叙述人群进化之现象而求得其公理公例者也。"这里说的"公理公例"，就是他说的历史哲学。作者认为：史学（即关于历史的研究和撰述）是由"客体"和"主体"结合而成的。所谓客体，"则过去、现在之事实是也"；所谓主体，"则作史、读史者心识中所怀之哲理是也"。《新史学》第一节首论"中国之旧史"，是梁启超为创"新史学"而对中国"旧史学"展开批判的论纲，而这种批判又贯穿在《中国史叙论》、《新史学》二文的始终。梁启超肯定中国传统史学是发达的，但是，他对这种"发达"是持否定态度的。他说："兹学之发达，二千年于兹矣。然而陈陈相因，一丘之貉，未闻有能为史界辟一新天地，而令兹学之功德普及于国民者，何也？吾推其病源，有四端焉。"他说的"病源"四端是："一曰知有朝廷而不知有国家"；"二曰知有个人而不知有群体"；"三曰知有陈迹而不知有今务"；"四曰知有事实而不知有理想"。

中俄就东三省谈判

光绪二十六年（1900）八、九月间，俄国利用联军侵华镇压义和团之机，占领中国东北三省。联军对华作战停止后，清政府提出交收东三省一事，俄国政府要求与清政府进行单独协定的谈判。十一月十二日（1901），清政府授驻俄公使杨儒为全权大臣，与俄商议交收东三省事宜。

十四日，交收东三省谈判正式开始。俄公使提出诸多侵略性要求，不经讨论，俄方便逼杨儒画押，杨儒以条款须无损我自主权方可签字作答，双方争执不下。光绪二十七年（1901）正月九日，清政府命奕劻、李鸿章商请各国公使，劝阻俄国强迫签约。各国不愿俄国独吞东北，接连向俄国质询。杨儒与维特谈判7次，与俄外交大臣拉姆斯道夫谈判14次，俄方横施恫吓，杨儒据理力争，仍无结果。李鸿章向慈禧太后进言，尽早签约。李鸿章与奕劻电示杨儒："势处万难，不能不允，即酌量画押，勿误！"五日，拉姆斯道夫又约杨儒签字，杨再度拒绝。同日，各国公使向清政府声明，公约（指十一国与中国谈判之约）未定之前，不得与他国议立专约。清政府在北京外国公使团压力下，通知各国公使，谓"中国不敢遽允俄约画押，请先议公约"。十日，清政府命李鸿章向俄使婉商，先订公约，再议专约，交收东三省谈判暂告一段落。

《辛丑条约》签订后，俄国一再制造借口，拒不从东北撤兵。后由于中国人民的激烈反抗，英、美、日等国因利害冲突，也出面干涉，迫使俄国不得不作出撤兵的姿态。光绪二十八年（1902）三月一日，俄国驻华公使雷萨尔与清外务部总理大臣奕劻、会办大臣王文韶在北京签订《交收东三省条约》。次年三月，俄国在第二期撤兵期满时，不仅违约不撤，反而增派军队，并照会清政府外务部，提出进一步侵略东北的 7 条无理要求。接着，俄国沙皇又任命阿列克塞也夫为远东总督，将东三省划归其统治。由此激起中国人民轰轰烈烈的拒俄运动，日本与俄国对东三省的争夺也日益激化。

清廷军机处，清代军机大臣轮流在此值班。室内除必要的办公用品和供临时休息的地方外，并无其他陈设。

科学家徐建寅去世

光绪二十七年（1901）二月十二日，中国近代著名科学家、军工兵器专家徐建寅在汉阳试制无烟火药时不幸失事身亡。

徐建寅，字仲虎，江苏无锡人。其父徐寿是晚清著名科学家，曾翻译了《汽机发轫》、《化学鉴原》等近代科学著作，为近代化学在中国的传播作出了巨大贡献。受其父影响，徐建寅对近代自然科学产生了浓厚的兴趣。同治四年（1865），他协助其父完成了木壳轮船"黄鹄号"的制造。同治五年（1866），徐建寅开始参与翻译近代科学书籍的工作，翻译出《化学分原》《声学》《电学》、《兵学》、《器象显真》、《测地捷法》、《轮船布阵》、《石板印法》、《造铁全法》、《汽机新制》等科学、兵法新书20多种。同治十三年（1874），徐建寅调到李鸿章创办的天津制造局负责研制火药必需的硝酸并获成功；光绪元年（1875），调任山东机器局总办筹办一座新型枪炮弹药工厂；光绪五年（1879），以驻德参赞名义，到德、英、法考察造舰及军事工业。其间他写了《游欧杂录》，详细介绍了许多当时世界上最先进的金属加工工艺和设备，如模锻、挤压、冲制成型、仿形切削、转炉炼钢、电冶铜等，给中国近代工业的发展以十分有益的启示和影响。戊戌变法时期，他被派任新设立的农工商总局督理，后来受张之洞之邀，到湖北帮助兴办工业和训练新军。八国联军入侵中国后，外国停止向中国供应火药，徐建寅认为：列强交迫，军火尤为重要，遂赶赴汉阳钢药厂研制硝化纤维无烟火药，终获成功，并准备大量生产。光绪二十七年（1901）二月十二日，徐建寅与工匠们一起拌和药料，因机器摩擦过热，起火炸裂，徐建寅与在场的13人同时遇难。

梁启超著《新民说》

梁启超（1873～1929），字卓如，号任公，广东新会人。早年深受康有为变法维新思想的影响，后成为戊戌变法维新运动中一位杰出的宣传家。

梁启超学识十分渊博，才华卓著，思想较为庞杂而不够严谨。他于1902年发表的《新民说》，可以视为系统阐述他的道德伦理思想的代表作。戊戌维新变法失败后，梁启超目睹八国联军的野蛮入侵，《辛丑条约》的丧权辱国，愈加感到政府的腐败，民智民德的"愚陋怯弱"。因而他取《大学》"作新民"之义，著《新民说》。其意图，正如他在《新民说·叙论》中所说的："余为新民说，欲以探求我国民腐败堕落之根原，而以他国所以发达进步者比较之，使国民知受病所在，以自警自厉自策进。"即试图通过中、西方的比较研究，从道德伦理方面探寻"我国民腐败堕落之根原"，以激励人们"自警厉自策进"，从而达到救国救民的目的。这有其可取之处，但把社会道德伦理的"腐败堕落"看成是中国"积弱"的根源，陷入了本末倒置，反映出认识上的局限性。然而，《新民说》中表达了他的爱国思想，以及对封建道德伦理的抨击，仍有一定的积极意义。

首先，他从改造国民性中的弱点出发，要兴四万万人的民德民智民力。梁启超在《论中国国民之品格》一文中指出，中国国民性的弱点主要表现在爱国心之薄弱、公共心之缺乏和自治力之

梁启超像

欠缺这三方面。因而，他认为要救治中国，不能仅仅期望于"一时之贤君相"或"草野一二英雄崛起"，而在于国民之文明程度的提高，故务必要大力提高"吾四万万人之民德民智民力"。也就是说，要着力改造国民性的弱点，即"新民"。他还针对爱国心之薄弱这一国民性的弱点，提出要增强国民的民族主义精神，继承发扬民族文化的优秀传统，革除其中"愚陋怯弱"的东西；同时对西方各国民族，也要"汇择其长者而取之，以补我之所未及"（《新民说·释新民之义》）。

此外，梁启超还抨击了专讲君臣、父子、夫妇等关系的"中国旧伦理"（或称"家族伦理"）。他认为，这种伦理所注重的只是"一私人对一私人之事"的"私德"，讲求的只是"存心养性"、"束身寡过"的修养方法，这最多只能养成"独善其身"。因而，他提倡讲"公德"的"社会国家伦理"（亦称"泰西新伦理"）。他认为这种伦理不仅讲家族伦理，而且着重讲求"一私人对于一团体之事"的社会伦理和国家伦理，其基本准则是讲求"公德"，在于"利群"，并进一步把"利群"、"益群"的道德高标准赋予"爱群、爱国、爱真理"的具体内涵；同时他并不排斥"利己"的个人利益，主张妥善处理好"利己"与"利他"的关系。可见《新民说》一书既是对封建伦理观念的批判，同时也是梁启超的资产阶级国家观在伦理思想上的体现，具有时代的进步意义。

章炳麟重订《訄书》

章炳麟（1869～1936），后改名绛，字枚叔，号太炎，浙江苏杭县（今属余杭）人。早年提倡维新变法，曾任《时务报》撰述。戊戌政变后被清政府通缉，逃往台湾、日本，阅读了大量西方资产阶级思想家的论著，萌发了反对清政府的革命思想，并参与了孙中山领导的资产阶级民主革命。

章炳麟于光绪二十六年（1900）初将光绪二十三年（1897）以来撰写的50篇论文编集为《訄书》出版。该书在政治上鼓吹变法维新，在哲学上体现了倾向于唯物主义和进化论的自然观。

章炳麟于光绪二十八年（1902）至光绪二十九年（1903）重订《訄书》，

在哲学上继续保持唯物主义和进化论的思想倾向，政治上已由赞成维新变法转变为鼓吹"排满"革命，反映其政治思想的急剧转变。在重订本中，章炳麟对 1900 年以前的尊清思想进行了自我批判，并严厉批判了维新派，号召推翻满清政府的反动统治。他对 1900 年初刻本进行了大幅度的增减，主要增加了 1900 年以来所写的文章。重订本共收入论文 63 篇，"前录" 2 篇，"附录" 4 篇，1904 年由日本东京翔鸾社刊行，1906 年再版。《訄书》的重订，反映章炳麟接受了西方资产阶级民主主义思想并走上了革命道路，对当时资产阶级民主革命运动起着积极的推动作用。

　　《訄书》在内容上涉及的学术领域十分广泛，包括中国古代各时期各流派的学术思想以及历史、哲学、文学、社会风俗、民族、经济等。其中《天论》、《公言》、《原学》、《原人》、《原变》、《通谶》等篇，代表了他这一时期的思想成就。在这些文章里，章炳麟利用近代自然科学的一些新成果，论证了各原质成于以太、万物成于各原质的自然观，否定了天命论的说教。在发展观问题上，章炳麟接受了进化论思想。他认为从无机物到高等动物的进化都是"原质"发展和变化的不同形态，自然界和人类社会都经历了不断进化的过程，包括人在内的各种事物的发展变化都是没有穷尽的。生物的变化是生存竞争的结果，绝不是什么

章炳麟像

上帝的意志决定的。由此可见，章炳麟继承我国古代无神论的传统，结合西方近代的生物进化论，驳斥了"上帝造万物"的目的论，从而在根本上否定

了为封建政权作辩护的宗教迷信和"天命论"。在《订孔》、《学变》等篇中，章炳麟还对中国哲学史上自先秦诸子下至明清各家的思想作了评判，认为孔子的道德和学术都不能和先秦诸子相比，更不能和荀子相比，并批判了孔子的"虚誉夺实"和尊孔派的"苟务修古"，在思想界引起强烈的反响。

《訄书》文笔古奥，较难索解，但它作为章炳麟最早的论文结集，每个议题大都联系历史，引古证今，是一部半政治半学术的评述著作，对全面深入研究章炳麟早期的政治和哲学思想具有重要的意义。

梁启超题章太炎《訄书》初刻本封面

梁启超发动诗界革命

　　到了 19 世纪末，在资产阶级改良运动的推动下，清代后期进步诗歌潮流得到进一步的发展。在 1896 ~ 1906 年（光绪二十二至三十二年）之间，梁启超、夏曾佑、谭嗣同等提出"诗界革命"的口号，并试作"新诗"或"新学之诗"。在戊戌维新变法前一两年，梁启超和夏曾佑、谭嗣同曾试作"新诗"，反映了对新思想、新知识的要求。

后来梁启超在办《清议报》、《新民丛报》、《新小说》等杂志中，登载了改良派及其他作者的许多诗篇，并不断发出了"诗界革命"的呼声。他的"论诗宗旨大略"已见于光绪二十五年（1899）十一月由日本去夏威夷舟中的《日记》，而充分的论述则见于光绪二十八年（1902）二月《新民丛报》开始连载的《饮冰室诗话》。后来梁启超在《新小说》中登载《杂歌谣》，形式语言都趋向通俗化，又赞许其与音乐结合，使之能歌唱，似传统乐府诗而又有新面貌新精神，发挥诗歌的社会教育作用，这是诗界革命又一重要内容。

　　梁启超作诗较晚，绝大部分是流亡国外的作品，今存古近体诗 360 多首，词 60 多首。他热心提倡"诗界革命"，但并不以诗

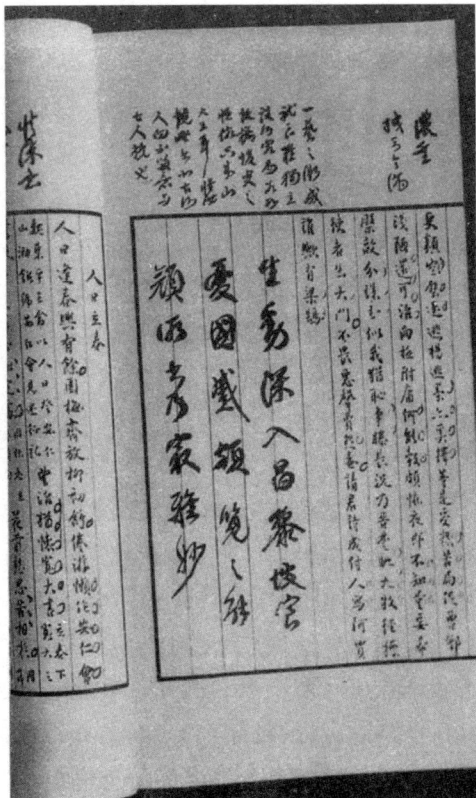

梁启超诗稿手迹（康有为眉批）

人自命，而以余事为诗。其诗歌颂献身革命的精神，歌颂新天地、新思想、新文化，突出地歌颂爱国主义，有进步意义和认识意义。作品表现了梁启超诗论的特点，即旧风格含新意境，亦不排斥新名词。其诗总体上热情奔放，直抒胸臆，朴实晓畅，格调妥当，足称一种"新派诗"。他自认"诗半旧"，亦符合实际。

诗界革命的旗帜是黄遵宪（1848～1905）。黄遵宪认为诗歌创作应该"我手写我口"（《杂感》），要求"诗之外有事，诗之中有人"，在《人境庐诗草序》中主张表现"古人未有之物，未辟之境"，明确标称自己的诗是"新派诗"。他一方面主张向古人学习，取径要广，而最终"要不失乎为我之诗"；一方面主张学习民歌，博采俗语，并吸收散文的特点和句法入诗。黄遵宪的诗作内容极为丰富，堪称一代诗史。有的作品反映了帝国主义和中华民族的矛盾，歌颂爱国将领，批判投降派丧权辱国的行为，如《香港感怀》、《羊城感赋》、《冯将军歌》、《哀旅顺》、《哭威海》、《降将军歌》、《度辽将军歌》、《书愤》等。有的作品辛辣地批判封建顽固派，批判封建文化，抒发维新变法、振兴中华的愿望，如《感怀》、《杂感》、《赠梁任公同年》、《感事》、《己亥杂诗》、《军歌》等。此外，他还有不少描写海外风物的诗篇，如《日本杂事诗》200首，这些诗空前地扩大了中国古典诗歌的表现领域。

花旗银行在华设立分行

光绪二十八年（1902），成立于19世纪初、总部设在纽约的美国垄断资本大银行花旗银行，在上海设立其在华的第一家分行，以经理庚子赔款。随后，花旗银行又陆续在香港、广州、北京、汉口、天津、哈尔滨、青岛、大连、长春等地设立分行。经营业务包括汇兑、存款、放贷、发行兑换券、贴现、有价证券和投资等。1911年花旗银行代表美国财团参加四国银行团，承贷粤汉、川汉铁路借款。1912年曾参加六国银行团，但在次年商借善后大借款时退出。至1936年，花旗银行在华各分支机构共吸收存款4335万美元，占其全行存款总额的2.5%，仅次于汇丰银行和麦加利银行。1941年12月太平洋战争爆发后，其在华机构全部被日军接管，日本投降后复业。战后，美国在华势力空前扩张，花旗银行实力大增，中国对美贸易中的金融周转主要由它来完成。

中华人民共和国建立后，花旗银行在中国大陆的分支机构全部停业。

汇丰（英）、花旗（美）、东方汇理（法）、道胜（俄）、德华（德）、正金（日）
等外国银行在华发行的钞票。

"壬寅学制"形成

戊戌变法失败后，教育改革的呼声并未消沉。光绪二十七年（1901），清廷在经历了一系列"创痛钜深"的沉重打击之后，被迫重新讨论制定新学制的问题，"壬寅学制"因此产生。

张百熙被委任为管学大臣，主持筹办京师大学堂和制定学制章程。1902年8月，张百熙拟定了《钦定学堂章程》，提出吸收欧美日本的成法，修订中国2000年旧制，并进而颁布了《京师大学堂章程》、《蒙学堂章程》、《小学堂章程》、《中学堂章程》、《高等学堂章程》、《考选入学章程》等具体细则。因这一年是农历壬寅年，所以这一套学制被称为"壬寅学制"。

根据"壬寅学制"，学校划分为7级，修业年限共达20年：幼童自6岁上学，须完成4年蒙学堂，再读3年寻常小学堂，接着读3年高等小学堂（或读3年简易实业学堂），再读4年中学堂（或读中等实业学堂），然后是3年高等学堂及大学预备科（或读高等实业学堂），最后是3年大学堂，毕业后可进入大学院。进入大学院时，学生已经26岁了。

"壬寅学制"是官方拟定的第一个较完备的学制系统。但仍有许多不完善之处。比如：初等教育年限过长，达10年之久，不利于推广义务教育；中学仅有4年又过短，不利于打好基础；高等学堂和大学预科平等，也是不科学的；而且"壬寅学制"中，也完全没有女子教育的地位。因此，"壬寅学制"还未得到具体执行，就被更为完善的"癸卯学制"所取代。

新军建成

1901年8月，清政府下令永远停止武科举考试，标志着我国沿习已久的古代兵制的最后终结。此后在全国设立了一些武备学堂，以培养新式军官。同时对原有的绿营、练军和防军进行汰选，组成常备、续备和巡警诸军，装

大清已成历史

备新式枪炮进行训练。1902 年 2 月，袁世凯奏请拨百万元专款，完全参照日本陆军建制，组建了 6000 人的北洋常备军，成为清朝第一支以镇为基本建制的新式陆军。

1903 年 12 月，清政府设立了练兵处，各省设督练处，构成了全国上下贯通的新军普练机构，在全国组建新军的工作从此拉开帷幕。第二年 9 月，练兵处参照北洋常备军军制，拟定并颁布了《陆军营制饷章》，又名"新军制略"，提出对全国陆军实行统一编组，分别设置常备、续备和后备三军，并对其营制饷章、武器装备、军官选拔、士兵招募、操练、战时征调等做了系统的规定，成为中国近代陆军的第一部建设大纲。

新军建立后，在制度方面作了重大变革：

在组织体制上彻底改变了数百年来的军事组织原则，优先发展国家常备军和野战部队，使之与地方治安部队有明确的分工，也使军事力量的内部结构符合近代军事模式。特别加强了组织机构的近代化建设，练兵处已部分具备了参谋总部的职能，它可参预对全国军事行动的调度。1906 年，清政府将兵部改为陆军部，下设二厅十司，符合全国陆军近代化专业分工管理的要求。

行进中的晚清新式军队

1909 年，宣布陆海军大元帅由皇帝亲自任命，并将军咨处从陆军部分离出来，改为军咨府，成为全国陆海军的最高参谋机关。还直接管理保定军官学堂。陆军部和海军部成了单一的军事行政机关，一种新的高层次军事力量领导体制基本形成。新军一律实行合成编组，陆军分步兵、骑兵、炮兵和工程兵 4 个兵种，后又增加了辎重兵。这种细密的专业分工符合近代科技发展的要求，适应了新的技术进步的需要。在军官选拔上，制定了一系列条例，初步建立了新军军官制度，体现了兵科完备、官阶分明的特点。高度重视对具有近代军事知识的军官的任用，使军官素质发生了根本性变化，代表了 20 世纪初世界军官制度的先进水平。此外，在兵役制度、训练制度、后勤制度方面都进行了一系列适应军队近代化的重大改革，使新军以新的风采、新的精神风貌出现在历史舞台上，大大缩短了与世界列强军队的差距。

在这些原则的指导下，1907 年 9 月，陆军部正式决定在全国编练 36 镇新军，全国性的普练新军运动开始了。这一练兵计划是针对各省战略地位的重要程度，兼顾其实际能力编排的，还规定了各省具体的完成期限。

编练新军最积极的是袁世凯，他总计编练了 6 镇 8 万多人，成为新军的主力。到武昌起义爆发为止，全国共练成 14 镇 18 混成协 4 标，另有禁卫军 2 协，共 269004 人。其军事、思想等方面的素质都大为提高。

黄遵宪创作新派诗

黄遵宪是近代著名诗人。他出身于由商人致富的官僚之家，生于鸦片战争爆发后 8 年。太平天国起义和英法联军入侵等重大历史事件对他的少年时代有深刻震撼。后来他赴广州、北京等地参加科举时，到过香港、天津等地，目睹了鸦片战争后中国社会内忧外患的严酷现实。光绪三年（1877），黄遵宪被派为驻日本使馆参赞，此后他又被派驻美国、英国、新加坡。在十六七年的外交生涯中，他受到资本主义社会政治、文化和科学的影响，思想和创作都发生了变化。回国后他参加了以康有为、梁启超为首的"强学会"，成为维新运动中的活跃分子。戊戌变法失败后，黄遵宪归乡隐居，以诗人终。

改良运动的有机组成部分之一就是诗歌改良运动，即梁启超等人倡导的

广东梅县黄遵宪故居——"人境庐"

"诗界革命"。黄遵宪最早从理论和创作实践上给"诗界革命"开辟了道路。他提出了"我手写我口"的进步创作主张，要求"诗之外有事，诗之中有人"，即诗歌应反映现实生活，为事而作；要表现自己的思想感情，建立个人风格。黄遵宪反对泥古不化，但主张继承古人的优良传统："一曰复古人比兴之体；一曰以单行之神，运排偶之体；一曰取《离骚》、乐府之神理，而不袭其貌；一曰用古文家伸缩离合之法以入诗。"黄遵宪的诗论主张体现了变古革新的精神，其创作也表现出"新派诗"的风貌。

黄遵宪诗作今存约1000首，内容极其丰富，堪称一代诗史。其中最突出的是在诗中表现了中国近代史上的一系列重大历史事件，反映了中国近代社会的严重危机和主要矛盾，特别是帝国主义与中华民族的矛盾，歌颂了爱国主义精神，批判了投降派丧权辱国的行径。这类诗有《逐客篇》、《冯将军歌》、《香港感怀》、《哀旅顺》、《哭威海》、《台湾行》、《降将军歌》、《书愤》等。在这些诗中，鸦片战争及第二次鸦片战争、中法战争、甲午战争等均得到系统反映，诗人的忧国忧民之心贯穿始终。在关注民族危机的同时，黄遵宪对封建顽固派和封建文化进行了批判，抒发变法维新、振兴中华的抱负，这些诗有《杂感》、《感事》、《感怀》、《赠梁任公同年》、《己亥杂诗》、《军歌》等。黄遵宪诗的另一重要内容是描写海外风物及新的思想文化。黄遵宪长期出使国外，"百年过半洲游四"，新世界、新生活给他的诗歌创作带来了新源泉、新意境。这类诗有《今别离》、《日本杂事诗》等。这些诗中描写了轮船、火车、电报、照相、东西半球时差等新事物，反映了近代社会生活的巨大变化，空前地扩大了中国古典诗歌的表现领域，是一种有历史意义的创造。

黄遵宪诗作采用了现实主义的创作方法，在艺术上有如下特色：首先，善于铺展恢张，写作汪洋广博的宏篇巨制，给人以博大宏深的感觉。如《锡兰岛卧佛》，长 2000 余字，是中国古典诗中少见的长诗。其次，在表现手法上，他善于状物写事，刻画鲜明的形象；同时，他努力使新的内容与传统的诗歌形式谐和，使散文化的笔法与严整的韵律谐和，创造了"旧风格含新意境"的新派诗。

黄遵宪的新派诗反映了新世界，尤其重要的是反映了中国近代史上的一系列重大事变，充满强烈的爱国主义精神，堪称"诗界革命"的一面旗帜。

《革命军》刊行

光绪二十九年（1903）四月，邹容所著《革命军》一书在上海刊行。

邹容（1885～1905），四川巴县人，幼习经史。时值外寇侵入，国难时艰，他从介绍西方近代文明的新书时报中接受了维新思潮的影响，东渡日本留学，寻求强国的真理。在日本为西方民主思想所吸引，遂舍弃改良维新而走革命排满道路，著《革命军》一书。

同盟会成立前，革命书刊如雨后春笋，而影响最大的莫过于邹容所著的《革命军》。

邹容在《革命军》中以澎湃的激情、通俗的语言第一次系统地、旗帜鲜明地宣传革命，宣传资产阶级民主共和国的思想。他以进化论立论，宣讲"革命者，天演之公例"，"革命者，世界之公理"，反复强调"中国欲独立，不可不革命"，革命是"起死回生之灵药，返魄还魂之宝方"，阐发"欲御外患，先清内患"，推翻满清政府，建立中华共和国的论证。在清政府大失民心，革命运动呼之欲出的时刻，《革命军》给予思想巨大的冲击，受到知识分子的崇信。该书请章炳麟作序，刚一刊行，立即辗转翻印，逾百万册，被《苏报》刊文誉为"今日国民教育之一教科书"。

《革命军》书影和邹容像

英美烟公司成立

　　光绪二十八年（1902），近代中国卷烟业最大的外资垄断企业英美烟公司在上海成立。这是总部设于伦敦的国际性烟草托拉斯英美烟公司在华设立的分支机构。

　　公司成立初期，投资 21 万元收购上海老晋隆洋行、美国纸烟公司及其在上海浦东的烟厂。当时仅有职工 170 余人，第一年销售额即达 12682 箱（5 万支装）。该公司充分利用各种不平等条约所规定的优惠待遇，在各通商口岸和商埠广设分支机构，并利用各买办销售机构和各级经销商扩大销售。1914年，先后在山东潍县、安徽凤阳、河南许昌以推广农业为名引诱当地农民种植烟叶，建成廉价原料基地，逐步在中国建立起一个十分广泛、深入、控制严密的销售网络。到抗日战争前夕，已拥有各种卷烟机453台，资本增至2.15亿元，职工总数达到2.5万人。销售额达111.8万箱，占当时全国香烟销售总量的67.2%。其产业包括分散于上海、汉口、沈阳、哈尔滨、天津、青岛、营口等地的11个卷烟厂、6个烤烟厂、6个印刷厂、1个包装材料厂和1个机械厂。主要附属机构有1920年成立的宏业地产公司，在各地广置地产以建筑烟叶收购站、烤烟厂和栈房之用；1921年合资组织的永泰和烟草公司，负责销售；1930年成立的启东烟草公司专营东北业务。

英美烟公司利用帝国主义在中国的特权，利用中国廉价劳动力和丰富资源，垄断中国卷烟市场达半个世纪之久，严重压制了中国民族卷烟工业的发展。

清人姚文输所绘《卖浆图》，是清代饮食市场繁荣的写照。

爱国运动展开

清末，列强瓜分中国之势已成，亡国的危机激发起人民的爱国精神，各种各样的爱国运动不断兴起。

义和团运动期间，俄国侵占中国东北，与清政府订约，承诺分 3 期 18 个月内撤出全部侵略军。后俄国违约不撤，还增派军队，并向清政府提出 7 项无理要求，激起中国人民愤慨，引发拒俄运动。

光绪二十九年（1903），寓沪各界爱国人士，在上海张园召开拒俄大会，谴责俄国的"吞并"政策，致电外务部坚决反对所谓 7 项要求，北京、湖北、江西等地学生也纷纷集会抗议。同时留日学生秦毓鎏等在东京举行拒俄大会，成立拒俄义勇队（不久改名学生军），派代表回国，要求开赴东北前线，抗击俄国侵略军。结果遭到清政府镇压，被迫解散。

光绪三十一年（1905）四月，由于美国在其国内虐待和排斥华工，本月，中国爆发了全国规模的抵制美货运动。

去年，"中美会订限制来美华工保护寓美华人条款"期满。旅美华侨 10 余万人联名上书清廷，要求废约。美国政府悍然拒绝，要求续订新约，继续排斥华人，激起中国人民的反抗。本月，拒美货运动首先在广州发起，不久上海商务总会通告全国各大商埠，联合抵制美货，运动发展到全国。

"《苏报》案"发生震惊一时

1903 年 6 月，清地方官向上海租界当局提出控诉《苏报》一案，案件审判历时一年，最后《苏报》被停刊，章太炎被判监禁 3 年，邹容 2 年。这就是震惊一时的"《苏报》案"。

20 世纪初，中国资产阶级革命运动迅速发展，为了扩大革命运动的影响并宣传革命思想，资产阶级革命派先在海外与香港创办了一些革命派报刊，随后在国内也陆续创办了一批报刊，其中较有影响的有在上海租界地区发行的《苏报》、《大陆》。

《苏报》最初是由日本人生驹悦在 1896 年 6 月创刊。后由湖南人陈范购买接手。1902 年起，陈范的思想逐渐转变，开始同情并支持资产阶级民主革命。同年冬天，《苏报》开辟"学界风潮"，对国内外的学生爱国运动和革命斗争进行连续报道，还大量发表爱国学社（由章士钊组织）师生的演说和评论。

《苏报》逐渐变成了一份同情和支持资产阶级民主革命的刊物。1903 年 5 月底，陈范请章士钊担任《苏报》主笔。《苏报》开始大量刊载革命文章，揭露清政府奴颜卑膝的丑恶嘴脸，批驳保皇派的反动思想，鼓吹推翻清政府，建立资产阶级民主共和国。其中较有影响的文章有章士钊的书评《读〈革命军〉》、章太炎的《革命军序》等。

《苏报》登载带有强烈革命色彩的文章，推动了当时革命思潮的发展；同时也培养了一批民主革命的演说家和骨干，引起清政府的敌视。不久清政府勾结上海租界当局，制造了震惊当时整个舆论界的"《苏报》案"。

1903 年 6 月 29 日，两江总督魏光焘派候补道俞明震与上海道袁树勋向上海租界当局提出控诉《苏报》一案。第二天，租界当局派警探包围了报馆和爱国学社，将章太炎等 5 位报馆工作人员逮捕。第三天，邹容也自动入狱，以示抗议。7 月 7 日，租界当局查封《苏报》。随后清政府派人与租界当局交涉，企图以出卖沪宁铁路路权为交换条件，把章太炎、邹容等人引渡到手。但租界当局决定将章太炎、邹容等人交付租界会审公廨审理。在法庭上，章太炎、邹容从容不迫，慷慨陈词，理直气壮地宣扬革命观点，成为轰动一时的英雄人物。经过 7 次庭讯审理后，迫于舆论的压力，会审公廨于 1904 年 5 月 21 日判处章太炎 3 年监禁，邹容 2 年监禁，并责令《苏报》不得复刊。

"《苏报》案"的发生，是一次中国资产阶级民主革命派与外国资本主义势力和清政府封建势力之间的思想交锋。《苏报》虽遭查封，但它对当时社会的震动影响，更有利于革命思想的传播。

华兴会成立

光绪二十九年（1903）十二月，华兴会成立。

随着革命思潮的广泛传播和留学生的纷纷回国，国内的革命团体也相继成立，其中影响较大的是黄兴所创立的华兴会。

黄兴，湖南善化人，自幼读书勤奋，学绩优异。从两湖书院毕业后，官费留学日本，开始反清革命，受到同仁的尊敬。

光绪二十九年（1903）九月十六日，黄兴以庆贺生日为名，邀章士钊、刘揆一等11人，在长沙秘密集会，决定成立反清革命组织"华兴会"，为避耳目，对外则称"华兴公司"。十二月三十日在长沙正式举行华兴会成立大会，一致推举黄兴为会长。"华兴会"以"驱除鞑虏，复兴中华"为宗旨，并确定先雄踞一省，发动各省响应的反清革命策略，并以"华兴公司"为该会总机关，另设东文讲习所联络学界，设兴汉会联络军界，设同化会联络会党。原计划次年十月十日在长沙起义，但未发事泄，黄兴等逃亡日本。

黄兴像

华兴会部分成员1905年在日本合影。前排左一为黄兴；左四为宋教仁；后排左一为章士钊。

沈家本修订法律

1901年1月慈禧在亡命之地西安下诏变法，同年4月，特设督办政务处作为总理"新政"的机关。1902年又派沈家本、伍廷芳为修订法律大臣，1903年设立修订法律馆。在沈家本的主持下，修订法律馆进行了一系列立法工作。

沈家本是谙悉古今中外法律的著名法学家。由于沈家本了解世界发展的大势，因此他能够从中国与世界相互关系的角度，论证修律的迫切。沈家本遵照慈禧太后发布的"务期中外通行"的修律上谕，提出了"参考古今，博辑中外"、"会通中西"为修律的宗旨。他批评守旧的顽固派，尖锐地指出"以一中国而与环球之国抗，其伏绌之数不待智者而知之矣"。沈家本十分清楚中国传统的纲常礼教根深蒂固，不可能照搬西方法律，因此他所提出的"会通中西"的方针，就是"旧不俱废，新亦当参"。

　　沈家本组织力量翻译西方资产阶级国家的法律，广购各国最新法典，多致译才，分任翻译。他要求译员所译之书"力求信达"，还亲与"原译之员，逐句逐字反复研究，务得其解"。西方法典法规的大量译成，为清末制定新律提供了模式和范本。随着资产阶级的法律原则逐渐被中国新律所采纳，中国固有的法系开始解体。至 20 世纪初，已逐渐转向翻译以罗马法系为渊源的日本法律。罗马法系逐渐超越英美法系，广泛渗透到清末修订的新法中。

　　他还奏请设立法律学堂，培养新的司法人才。经过沈家本奏请拨款，清廷于光绪三十二年九月设立了中国第一个法律学堂，聘请了两位日本法学家担任主讲。

《猛回头》、《警世钟》刊行

　　光绪二十九年（1903），反清爱国主义运动活跃分子陈天华所著的《猛回头》、《警世钟》两本小册子先后在日本刊行。

　　陈天华生于光绪元年（1875），湖南新化人，戊戌变法时期，接触新思想，积极要求变革。特别是到日本留学后，在日益高涨的革命气氛感染下，他逐渐成为反清爱国运动的活跃分子。受邹容《革命军》的启发，陈天华决心用民间通俗说唱体裁撰写警世之作。他奋笔疾书，写成了《猛回头》和《警世钟》两本小册子。他在书中大声疾呼，中国已经到了被列强瓜分的危难关头："俄罗斯，自北方，包我三面；英吉利，假通商，毒计中藏；法兰西，占广州，窥伺黔桂；德意志，胶州领，虎视东方；新日本，取台湾，再图福建；美利坚，也相要，割土分疆。这中国，哪一点，还有我份；这朝廷，原是个，名存实亡。"他号召国人奋起反抗列强侵略，推翻替列强做"守土官长"的清封建王朝。"猛睡狮，梦中醒，向天一吼！百兽惊，龙蛇走，魑魅逃藏。改条约，复政权，完全独立，雪仇耻，驱外族，复我冠裳。到那时，齐叫道：中华万岁！才是我，大国民，气吐眉扬。""洋兵不来便罢，洋兵若来，奉劝各人把胆子放大，全不要怕他。读书的放了笔，耕田的放了犁耙，做生意的放了职事，做文艺的放了器具，齐把刀子磨快，子弹上足，同饮一杯血酒，呼的呼，喊的喊，万众直前，杀那洋鬼子，杀投降那洋鬼子的二毛子。……那些贼官若是帮助洋人杀我

们，便先把贼官杀尽。手执钢刀九十九，杀尽仇人方罢手！我所最亲爱的同胞，我所最亲近的同胞，向前去，杀！向前去，杀！杀！"陈天华的小册子充满爱国激情，激发了国人强烈的爱国主义精神，一版再版。陈天华也因这两部深受欢迎、流传甚广的小册子，被人们称为"革命党之大文豪"。

陈天华及《猛回头》书影

利权收回运动兴起

中日甲午战争后，帝国主义列强针对铁路和采矿，在中国展开了激烈的利权争夺战，10年间攫取修筑铁路和开采矿藏的权益数十起，激起全国人民的强烈愤慨。从光绪二十九年（1903）开始，掀起了以各省爱国绅商为首，各界人民响应的声势浩大的利权收回运动，迫使清政府以各种方式收回路权矿权10余起，并作为导火索直接导致了辛亥革命的爆发。

1903年，湖南、湖北、广东三省以爱国绅商为首，强烈要求从美国合兴公司手中收回投资兴建粤汉铁路的权益，引发三省各界人民的响应，迫使清政府以补偿美方675万美元的代价收回该项路权。1905年，浙江、江苏两省要求废除让予英商苏杭甬（即后之沪杭甬）铁路权益的草约；河北、山东、江苏三省要求废除让予英国津镇（即后之津浦）铁路承办权的草约，均因清政府畏惧英人势力而未能实现。1908年，湖南、湖北绅商开展拒用外款修建粤汉、川汉铁路运动，迫使清政府准予两路在湖北境内路段由湖北省自办，但未能拒用外款。与此同时，各省绅商倡议自办铁路。到1911年已有15个省设立了商办铁路公司，皆以"杜外人觊觎，保中国利权"为宗旨，实收股款约6000万元，大部分来自绅商阶层，有些工人、农民、教师和学生也节衣缩食，踊跃入股。但因种种原因，实际修成的铁路不多，仅浙江、江苏、广东等省办理较好，并修了一些铁路。

收回采矿权的运动同时展开，且波及面更广，成绩也较好。1905年清政府废除了英国资本在浙江的温、衢、严、处四府的采矿权。1906年废除了法国资本在四川的重庆、江北等六府厅和巴、万、天全、懋功四县的采矿权，其中江北采矿权以白银23万两赎回。1907年收回法国在福建的邵武、建宁、汀州三府属的采矿权。1908年以白银275万两赎回英国在山西孟、平、泽、潞各府属的采矿权。1910年以5.2万英镑赎回英商在安徽铜官山的采矿权。1911年以白银150万两废除英法在云南的开矿合同。在声势浩大的收回利权运动中，德国自愿放弃在山东铁路沿线和山东其他一些地方的采矿权，仅保留淄川、昌乐、坊子、潍县的矿权，并索偿白银 34 万两和款 21 万元。英在四川的煤矿开采权亦未最终达成协议，事实上等于收回。各地此起彼伏的收回路权、矿权的斗争，促进了国民的民族觉醒，为辛亥革命奠定了社会基础。

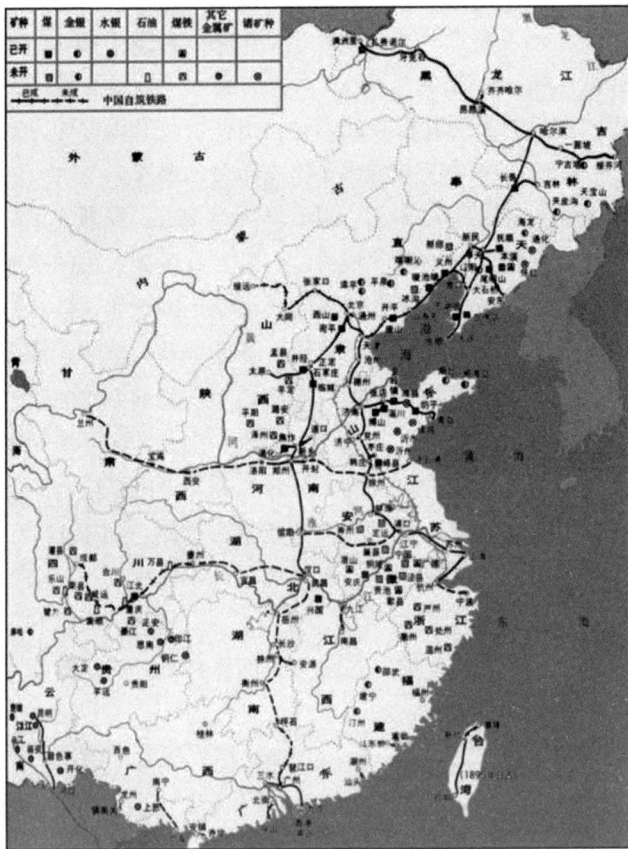

19 世纪末 20 世纪初帝国主义掠夺中国路矿权益示意图

张謇提倡棉铁主义

20世纪初期,中国民族资本有了长足发展,代表民族资产阶级利益和要求的经济学说,也开始推进到一个新的、较为成熟的历史阶段。其中,张謇的"棉铁主义"则是其中一种较为典型的经济学说。

张謇是近代中国"实业救国论"的主要倡导者和身体力行者。他根据自己经营近代企业的经验和对国内外经济形势的考察,提出了"棉铁主义",希望通过优先发展棉、铁工业,全面振兴实业,促进国家的工业化。

张謇认为,欧美国家的工业革命开始于棉纺织业,后随着对生产资料需求的增长带动钢铁业的发展。中国由于经济力量薄弱,在筹划振兴实业时,应有所侧重,切不可各部门齐头并进互相牵扯。而棉、铁一来是人们日常生活必须品,二来也是制造生产工具、发展机器工业的主要原材料,与国计民生关系最密切。因此,他主张以西方国家为榜样,优先发展棉、铁两个工业部门,再有步骤地建立和发展其他工业部门,达到全面振兴实业的目的,从而增强国力,抵制外国经济侵略,实现经济独立和国家富强。

在棉、铁两种工业中,张謇更重视发展棉纺织业,一再强调"棉尤宜先"。因为当时外国在

张謇像

华企业以纱厂最多，促使张謇重视发展国内同行企业，针锋相对地与之抗衡。而且，棉、铁相比，兴办棉纺织业投资较少，周转期短，利润率高，在振兴实业初期，先侧重发展棉纺织业，比较符合中国的实际情况，在针对反抗外国资本输出、抢先占领国内市场的较量中见效快。

总之，通过振兴棉铁工业，抵制洋货倾销，改变贸易逆差，从而实现实业救国，使中国成为一个经济发达的工业国家，是张謇提倡棉铁主义的目标。另外，张謇的"棉铁主义"，也表现了民族资产阶级上层谋求独占垄断的倾向，如他在创办大生纱厂时，就向商部提出20年内百里之间不得有第二厂的要求，后来他设立其他企业也有类似的举动。

张謇的实业思想和他兴办实业的实践，开中国近代实业救国的先声，对发展中国民族工业起了一定的作用。

《铁云藏龟》出版

光绪二十九年（1903），由刘鹗所编的《铁云藏龟》抱残守缺斋石印本印成刊行，这是中国历史上第一部著录甲骨文字的书籍。在此之前，《老残游记》作者刘鹗发现当时作为中药的龟板甲骨上刻有文字，便收购了大批有文字的甲骨，总共收藏达5千余片。经过一番整理挑选和仔细研究之后，他精选出1058片，著录成《铁云藏龟》一书。

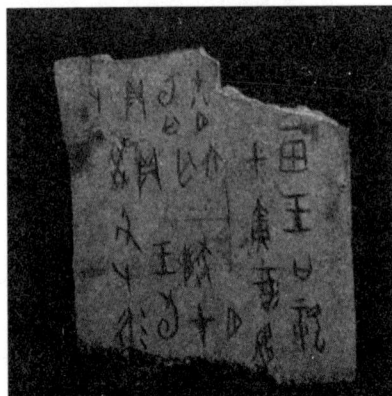

甲骨文

该书编者刘鹗精通算学、乐律、医学、治河等，又信仰泰州学派，喜欢金石碑版，是我国最早收藏并研究甲骨文的人之一。刘鹗生平曾奉命督治黄河，任过知府，并曾为英国福公司管理过山西煤矿。1900年，在八国联军侵入北京的危难时刻，他购得俄军掠夺的太仓储粟，设平粜局赈济饥民。1908年，刘鹗被人诬告私散仓粟及为外国人在浦口购产而被遣戍新疆，次年病死。

英军侵入拉萨

光绪三十年（1904）六月，英军侵占拉萨。

当英国不断向西藏侵略时，俄国对西藏的渗透取得重大成效，促使十三世达赖倾向于依靠俄国反对英国的侵略。英、俄争夺西藏的斗争日益尖锐化。当时日俄关系紧张，战争一触即发，英国决定利用这一有利时机，发动第二次侵藏战争。光绪二十九年（1903）十月，印度总督寇松派遣麦克唐纳率英军从咱里拉越过国境，侵入中国西藏境内，并迅速占领了亚东、春怀和帕里。西藏军民奋勇抵抗侵略，连遭失败。次年六月英军侵占拉萨，十三世达赖出逃，英国侵藏的军事行动至此结束。

光绪三十年（1904）七月二十八日，英军统帅荣赫鹏逼迫西藏的地方官员在布达拉宫签订《拉萨条约》，共 10 款，主要内容有：开放江孜、噶大克、亚东为商埠，江孜、拉萨通道上的炮台山寨一律削平；向英国赠款 50 万英镑。

江孜抗英炮台遗址，1904 年西藏人民在此抗击英军入侵。

其中第九款规定：除非得英国同意，西藏地方土地不得出让予外国，西藏地方一切事宜不准外国干涉，不准外国在西藏地方取得铁路、电讯、矿业等权利。但清政府认为该条约有损中国主权，拒不承认该条约。光绪三十一年初，清廷派外务部侍郎唐绍仪赴加尔各答与英国谈判，双方僵持以致最后停顿。光绪三十二年初，中英谈判在北京重新开始，三月二十八日，唐绍仪与英使萨道义签订《中英续增藏印条约》，把原来的《拉萨条约》作为附约，约中规定"英国国家应允不占并藏境及不干涉西藏一切政治，中国国家应允不准其他外国干涉藏境及其一切政治"。对于《拉萨条约》第九款的内容，续增条约中规定："除中国独能享受外，不许他国国家及他国人享受。"维护了中国对西藏的主权。

古越藏书楼开始向公共图书馆过渡

光绪三十年（1904），徐树兰在浙江绍兴建成古越藏书楼，与中西学堂相辅而行之，并对外开放，标志着中国私人藏书楼开始向公共图书馆过渡。徐拟制的《古越藏书楼章程》仿照东西方各国图书馆之成例，分列藏书、管理和阅书规程。藏书楼设总理、监督、司事、门丁、庖丁及杂役各1人，司书2人，各有职责范围。编有书目供人查阅，初分为经、史、子、集、时务5部，35卷；继分为学部与政部，20卷。类目多因袭旧有名称，但子类显示出中外学术统一立类的倾向，反映了中国图书分类已向近代迈出了一大步。

1911年该藏书楼曾一度停办，1915年复办。所藏图书既有传统的古籍，也有已译或未译东西各学著作，并有各种图画、报刊、物理化学器械以及动、植、矿样本等。

国子监一条街入口

新式学堂广泛采用现代体操

体操一词来源于希腊语 gymnós（即裸体的意思），希腊人把跑、跳、投掷、攀登、摔跤、舞蹈、骑马等统称为体操。体操在 19 世纪中叶传入中国。英美等国在鸦片战争后陆续在中国开办教会学校，成立青年会，并设置健身房和体操器械，在部分青年中开展了体操运动。清末在北洋水师学堂和武备学堂等军事学校中，有外国教官讲授兵式操、徒手操和单杠、双杠、木马、平台、肋木、平梯等器械体操。

洋务派编练新军、设立学堂在客观上对西方体育的传入和发展起了积极作用。从 19 世纪 60 年代起，洋务派就主张使用外国武器，练习洋操以求自强。这就使具有近代体育性质的兵操活动首先在军队中推广。当时来自英、美的兵式体操，主要内容是队列训练。1879 年，李鸿章以德国陆军步队尤精，得力在每日林操，遂选卞长胜等 7 人去德国学习林操。德国林操主要是单兵教练和队列训练，但也教习单杠、双杠、木马、平台等器械体操。1895 年，张

099

之洞仿德国军制，聘德国人为教习训练军队，此后新军中德国兵操日益受到重视。外国兵操的传入对中国近代体育的形成和初步发展产生了相当大的影响。

洋务运动过程中，各地官员创办了一批工业学堂和军事学堂，如福建船政学堂（1866）、天津水师学堂（1880）、天津武备学堂（1885）、广东水师学堂（1887），这些新式学堂一般开设体操课。学堂体育课的内容有击剑、刺棍、拳击、哑铃、跳远、跳高、游泳、平台、单双杠等。上课一班有 30 人，一般全是头三班全体出操。1900 年，张之洞创办的湖北武备学堂出版《湖北武学》作为体育教材，全书共 6 卷，内容有二，一是德国兵式体操；二是普通体操。兵式体操主要包括田径的走、跑、跳跃；普通体操包括徒手操、单杠、独木活动、攀缘登高及武装超越障碍等。

1903 年，张之洞、张百熙、荣庆合订《奏定学堂章程》，把普通体操和兵式体操列为小学、中学、高等学堂及师范的体育课教学内容，这是洋务运动以来学习欧美的必然结果，对清末民初学校体育的形成和发展有着重要影响。

新军操练

日俄在华战争爆发

光绪三十年（1904），日俄在华战争爆发。

《辛丑条约》签订以后，清政府更加腐败无能，世界各帝国主义列强亦加紧对中国的侵略和掠夺。但是由于列强们在华所得利益不均，相互之间冲突不断，结果愈演愈烈，终于爆发了一场狗咬狗的战争。

光绪三十年（1904）十二月二十一日，日本海军中将东乡根据统帅部的决定，下令日本舰队攻击停泊在我国旅顺和朝鲜仁川的俄国舰只。十二月二十三日，日本联合舰队分三路出发，一队10艘开往旅顺，一队8艘开往大连，舰队主力开往长山岛。当天下午4时左右，日本海军向驻守仁川的俄国军舰开火，俄军遭突袭措手不及，翌日2艘俄海军舰艇被日军击毁，日海军旗开得胜。当天夜里，驶到旅顺的一队日舰又向停泊在此处的俄国舰队发动突袭，猛攻之下，俄海军损失惨重，又有3艘舰船被击沉。十二月二十四日，遭到沉痛打击的沙俄对日本宣战。二十五日，日本亦对俄正式宣战。这是日、俄为争夺中国东北在中国领土上进行的帝国主义战争。清政府外务部于同月二十七日宣布：日俄开战，中国将严守局外中立，并将辽河以东划为"交战区"。

盘踞东北之俄军

101

光复会成立

光绪三十年（1904）十月，资产阶级革命团体光复会成立。

庚子之役后，江浙会党更加活跃，爱国知识分子接受民族民主革命思想，迅速转向反清革命，而江浙留日学生的回国，则直接促成了会党与知识分子的结合，这便是产生光复会的背景。光绪三十年（1904）十月，龚宝铨在上海建立暗杀团，蔡元培闻讯要求参加，于是，龚宝铨、蔡元培等于十月在上海成立资产阶级革命团体"光复会"，又称复古会，由蔡元培任会长。光复会以"光复汉族，还我山河，以身许国，功成身退"十六字誓词为宗旨，以暗杀和暴动为革命手段。由于陶成章、徐锡麟、秋瑾、章太炎等先后入会，光复会在江浙会党中迅速扩大势力。次年其主要会员以个人身份加入同盟会。宣统二年（1910），同盟会内部分裂加剧，陶成章在日本成立光复总会，以章太炎为会长，在江浙组织光复会。辛亥革命后，陶成章被暗杀，该会遂解体。

蔡元培像

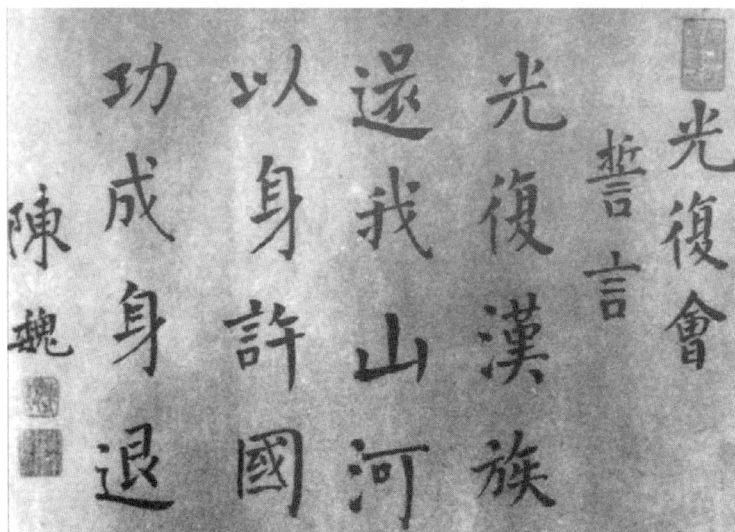

光复会誓词

光复会领导人及在日本的部分会员。前排左起：陶成章、陈魏、徐锡麟；后
排左起：巩宝铨、陈志军。

"癸卯学制"产生了中国现代教育

"壬寅学制"产生后，经过重新修订，在光绪二十九年（1903），由张百熙、张之洞、荣庆联名提出《奏定学堂章程》，并获批准颁布实施，成为中国历史上第一个正式实行的近代学制章程。因本年是癸卯年，所以新的学制就被称为"癸卯学制"。

当时清王朝最大的疑虑，是担心在新学制推行之后能否继续有效地控制全国教育的发展方向，能否继续严密地监督全国士儒的思想和言行，"癸卯学制"迎合了这一点，注入了一系列强化封建专制集权的内容，如崇奉儒家经典，反对民权，反对女权，反对学生干预国政等等。因此，"癸卯学制"是在一种现代教育体制形式下，进行封建专制文化教育的学制形式。

但不管如何，就具体的学制条款而言，"癸卯学制"确实比以前任何一种学制进步。首先，它改革了中国古老的像国子监那种学政合一的传统，将学校教育系统和行政系统分开。新学制专门设立总理学务大臣，主管全国学政，下设属官六处，初步形成了中央一级的教育行政机构。其次，"癸卯学制"承认了女子在家庭范围内接受教育的权利。其三，"癸卯学制"降低蒙童入学年龄，并将初等教育年限压缩为9年。其四，从初小开始增设艺徒学堂，使儿童从小可为将来就业多做准备。其五，提高中等实业学堂教育程度，允许他们升入专科，以期扩大中高级实学人才的培养规模。其六，中学毕业后选择深造的途径增多。其七，扩大师范学校类型，加强了师范教育。其八，着意推广官音，统一各地方言，并加强外语教育。

按照"癸卯学制"的设置，幼童在6岁以前可接受4年蒙养教育，6～11岁念完初等小学，11～15岁念完高等小学，15～20岁念完中学，中学毕业后可多向选择，选读师范、译学馆、方言学堂、大学预科、高等实业学堂等。最后，还可进入道儒院进行为期5年的学习。从就业角度考虑，幼童也可从6岁起就读艺徒学堂，然后依次升入初等实业学堂、中等实业学堂、专科、高等实业学堂。

"癸卯学制"的颁布施行，标志着中国现代教育的发端。这一学制在宣统年间又经过多次修订和改进，最终确立了它在中国教育领域的主导地位。

尽管"癸卯学制"在许多方面和国情并不吻合，但不论如何，直到这一学制产生后，中国教育制度才从封建旧教育正式转化为近代教育。这个过程还包含了一系列重大的教育变革（如废除科举、建立学部等等）。其象征性意义被中外教育史家所公认。

同盟会成立

光绪三十一年（1905 年 8 月），孙中山领导成立了同盟会。

清朝末年，政府腐败，外敌入侵，民族矛盾、阶级矛盾极端尖锐。无数的仁人志士为了救国救民，走上了革命的道路。1894 年 1 月，伟大的革命先行者孙中山先生在美国的檀香山成立第一个革命组织"兴中会"。1904 年 2 月，革命党人黄兴、宋教仁等在湖南成立"华兴会"。10 月，陶成章、蔡元培等人在上海成立"光复会"。革命形势汹涌澎湃。

1905 年 7 月，孙中山再次来到日本，着手与各派革命领袖联络。客观的形势使孙中山认识到汇集各革命团体的力量，在政治上、思想上提出一个明确的革命纲领，才能指导新的革命形势。

孙中山像

孙中山与新加坡同盟会员的合影

经过孙中山的大量工作，尤其是得到华兴会领袖黄兴的支持，1905 年 7 月 30 日，孙中山等人在日本东京召开了筹备组党的会议。会上孙中山提议建立革命同盟会，最后定名为"中国同盟会"，并决定以"驱除鞑虏，恢复中华，创立民国，平均地权"为宗旨。8 月 20 日，同盟会举行正式成立大会，参加的有几百人，除甘肃一省那时没有留学生外，全国各省籍贯的人都有。这次会议通过了由黄兴等人起草的会章，选举了孙中山为总理，黄兴为执行部庶务等。

同盟会把原有的兴中会、华兴会、光复会等带有地方性的小团体联合起来，成为一个全国性的组织。在同盟会筹备会议时，到会的人除宣誓参加外，由孙中山口授所谓"秘密口号"，例如"问何处人，答为汉人，问何物，答为中国物，问何事，答为天下事"等等。同盟会的组织形式、组织纲领、组织人员都说明它是一个资产阶级革命政党。

同盟会成立后，分设执行部、评议部和司法部，采用三权分立制度。确定以"驱除鞑虏、恢复中华、创立民国、平均地权"为革命纲领，提出"民族、民权、民生"三民主义学说；制订《军政府宣言》、《中国同盟会总章》，对外宣言，对内布告等文件，发刊机关报《民报》，宣传革命；在国内外各地建立支部，国内有东、西、南、北、中 5 个支部，分布于华南、华中、华北及东北等地。国外有南洋、欧洲、美洲、檀香山 4 个支部，并在各省区设立分会。

同盟会把原来分属各地的革命组织统一起来，产生了全国性的号召力，使革命派有了一个核心组织，极大地推动了资产阶级民主革命运动的发展。

柳亚子创办《二十世纪大舞台》

光绪三十年（1904 年 9 月），柳亚子和陈巢南在北平创办中国最早的戏剧刊物《二十世纪大舞台》。柳亚子（1887～1958），初名慰高，后更名弃疾，字安如，改字亚庐、亚子。是著名诗人、戏剧活动家，江苏吴江人，清末秀才，曾加入孙中山的中国同盟会，后任孙中山总统府秘书，中国国民党中央监察委员，国共分裂后，长期从事民主运动。新中国成立后，他在中央政府任职。柳亚子早年就受到西方资产阶级文化的影响，18 岁加入上海爱国

柳亚子画像

学社，从事革命活动，并参加了戏曲改良活动，同陈巢南共同创办《二十世纪大舞台》，办报宗旨以"改革恶俗、开通民智、提倡民族主义，唤起国家思想为唯一之目的"。柳亚子撰写报刊的发刊词，指出戏剧具有强烈的感化作用，号召戏剧家在舞台上再现中国民族斗争及外国革命的历史，激发人民的斗志。刊物有文言、白话两种文体，内容包括了论著、传记、传奇、小说

等十几个栏目，发表许多剧本，其反对清朝统治、反对帝国主义侵略的民族民主革命立场十分鲜明，在当时影响很大。但该报仅出两期便被清政府列为禁书查禁。

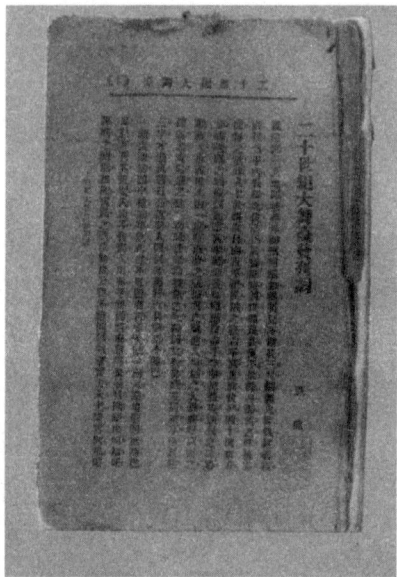

柳亚子《二十世纪大舞台》发刊词

同盟会设立《民报》

光绪三十一年（1905），以孙中山为首的资产阶级革命党为推翻清朝统治、建立民主共和国而组织建立的中国第一个资产阶级革命政党——中国同盟会成立后，同年11月为宣传革命思想而创办了机关报《民报》。

为了把各地的革命组织统一起来，使革命有一个强有力的核心领导机构，推动全国革命形势的发展，1905年8月20日，兴中会、华兴会、光复会等革命团体在日本东京联合成立了中国同盟会，推孙中山为总理，同时于11月26日创办《民报》作为同盟会的机关报，极大地推动了民主革命运动的发展。《民报》每期约150页，6万多字，自发刊起至1910年2月停刊共出版26期。《民报》的创刊得到日本友人宫崎寅藏的大力帮助，甚至连《民报》发行所的招牌都悬挂在他的住宅门前。先后任《民报》主编的有胡汉民、章太炎和汪精卫，章太炎、陈天华、胡汉民、汪精卫、朱执信、汪东、廖仲恺、宋教仁、黄侃等都为其撰写过文章。

《民报》分为评论、时论、译丛、谈丛、纪事、撰录等栏，以刊载政论文章为主。孙中山对《民报》作过具体指导，在《发刊词》中孙中山首次提出了三民主义，并为其规定了将"非常革新之学说""灌输于人心，而化为常识"的办刊宗旨。

《民报》是在揭露清政府的腐朽卖国和反对保皇派的斗争中发展起来的。同盟会成立不久，革命派和保皇派就分别以《民报》和《新民丛报》为阵地展开了一场激烈的思想大论战，这场论战导致《新民丛报》陷入困境而被迫停刊，《民报》取得彻底胜利，影响迅速扩大，销量大增，最高发行量达到17000份。《民报》在论战中的胜利，推动了革命派的办报活动，出现了一批革命报刊，如新加坡的《南洋总汇报》、马来西亚的《光华日报》、上海的《竞业日报》、《神州日报》等等。

同盟会创办《民报》，为资产阶级民主革命创造了舆论上的准备，推动了革命形势的发展，宣扬了民主共和的思想观念，促进了辛亥革命胜利的到来。

同盟会机关报《民报》发刊词，孙中山在此提出"三民主义"。

陈天华蹈海

　　光绪三十一年（1905）十月六日，日本文部省颁布了《清国留学取缔（即管束）规则》，对留日中国学生的活动大加限制。广大留学生认为这一规则"剥我自由，侵我主权"，暗中酝酿着一场反取缔规则的运动。从十一月八日起，8千多名留学生相继集体罢课，而日本的报刊舆论却对此大加污蔑和指责，将罢课行为归结为是"清国人特有的放纵卑劣性情所促成"的。陈天华见此气愤异常，但同时担忧一旦留学生不能把斗争进行到底，出现日本报刊攻击的"放纵卑劣"的状况，将是中华民族的奇耻大辱。他认为口头宣传可能是无力的，便决定以投海自杀来震惊国人，激励留学生坚持斗争，并向全世界证明中国人不是放纵卑劣的芸芸众生。他写下三千言的《绝命书》，声明自杀的原因和一系列政治主张，鼓励留学生们要"坚忍奉公，力学爱国"，振兴中华民族。对一系列革命的现实问题，他还在《绝命书》中提出了自己的看法，其中非常有价值的是他认为在宣传革命时，要注重政治问题，而不宜过于强调民族问题，反对倡言戮杀满族人民的复仇观念。十一月十二日晨，陈天华坦然离开寓所，将《绝命书》寄给留学生总会，然后从容地在东京大森湾投海。陈天华蹈海大大激励了中国留学生的爱国热情，惊动了国际舆论和日本朝野，使日本政府不得不做出了让步，承认留学生的罢课是正义的行为。次年闰四月一日，陈天华灵柩抵达长沙。七日，长沙各界万余人为他举行了声势浩大的公葬。

革命派与保皇派论战

　　孙中山曾幻想同流亡国外的康梁合作，但在看到合作不可能时，便于1904年断然指出："革命、保皇二事，决分两途，如黑白之不能混淆，如东西之不能易位。"另一方面，梁启超于1903年在日本也宣布："标明保皇，力辟革命，且声言当与异己者宣战。"1905年，同盟会成立，在日本出版机关刊物《民报》，比较系统地宣传革命的主张。以康梁为首的保皇派则以梁启超主编的《新民丛报》为阵地，双方展开了一场针锋相对的大辩论。

论战的主要内容是：

第一，革命，还是保皇？保皇派认为：清朝统治的"盛德"为各国所未有，实行君主立宪，四万万人就会有政治自由。他们把专制政治统治下的中国说成是王道乐土，人民早已享有民主自由，中国不需要暴力革命。他们说："法国大革命杀人如麻，血流成河，各党各派，皆辗转相杀，乱党乱民，无一免者，革命就要亡国"。革命派对保皇派的论调予以严厉的驳斥。他们列举了清朝统治阶级发动的大量暴行暴政，并指出，革命流血是不可避免的，因为"病入膏肓"的清政府，非用刀砍不行。针对革命就要亡国的无稽之谈，他们指出：与其作奴隶而生，不如为革命、求共和而战死，只有革命，彻底推翻满清政府，才能拯救民族危亡。

第二，是开明专制，还是民主共和？保皇派用君主立宪，开明专制对抗民主共和。他们认为共和政体还不适合今日之中国，中国只能由君主专制到君主立宪，再发展到共和，不能"躐等"。革命派对改良派的民智未开论、不能躐等论、国家大乱论，一一给予了驳斥。章太炎说，人的智力是通过竞争、通过斗争、通过革命发展起来的，革命本身就可以提高人们的觉悟。孙中山也批判了不能躐等论。他说，铁路之于机车，最初的铁路是非常之粗恶的，后来铁路改良了，难道中国现在修铁路还要用当初的粗恶铁路吗？针对"天下大乱论"，孙中山指出，共和政体所说人人参政，并非全国人民都直接干预政权，而是指人人都有资格参政，其法律之权利，在于选举产生的行政司法部门。

第三，要不要实行"土地国有"，"平均地权"？梁启超认为："平均地权"就是实行社会主义公有制……私有制度"为现社会一切文明之源泉"和经济之最大动力……有敢言土地国有者，"其人即皇帝之逆子、中国之罪人也；虽与四万万人共诛之可也。"革命派则看到中国革命实质上是经济地位最低下的"佃民"农民革命，不解决土地问题，革命就不能成功。

这场论战，革命派顺应历史潮流，赢得了群众；而保皇派逆历史潮流，失去了群众。

清宫办银行

光绪三十一年（1905），清政府开始办银行。20世纪初，基于财政需要，清政府迫切需要兴办银行，加上1897年5月已成立了中国第一家近代银行——中国通商银行，提供了一定的借鉴经验，中国设立新式银行的条件已具备。于是，清政府着手办银行。

光绪三十一年（1905年8月），清政府正式兴办国家银行，即由户部奏准在北京设立户部银行。同年又在天津、上海设立分行，1906至1907年间，在汉口、济南、张家口、奉天、营口、库伦等地也陆续开设了分行，目的是辅助空虚的国库和进行币制的改革。

银行享有铸造货币、代理国库、发行纸币的特权。1908年，户部银行改名为大清银行。到1911年6月，该行在各地（包括香港）共设有21处分行，35处分号，涉及地域广泛，成为清末规模最大的一家近代银行。1912年后，在原有条件的基础上，银行改组为中国银行。

继户部银行之后开办的是北京交通银行，1908年由邮传部奏准，官商联合办理。后逐渐在天津、上海、汉口、厦门、镇江、广州设立了分行。设立该行旨在经办轮船、铁路、电报、邮政系统所属各局、所的存款、汇兑、拆借等业务，以改变过去款项分头存储、周转不便的状况；同时也承做普通商业银行的存款、放款、汇兑、贴现、买卖金银、代客保管贵重物品和发行银行兑换券等业务，以便筹集资金，用于发展交通事业，减少举借外债、备受盘剥的损失。

在清政府中央一级银行设立的同时，各省政府也纷纷设立省级银行，称为官银钱号，经营存放款业务，也发行地方钞票。后因不计后果滥发钞票遭至币值惨跌而信用尽失。清政府办银行，不论是中央银行还是地方银行，目的主要都是缓解财政困难，对促进社会经济发展作用有限。

大清户部银行兑换券

丰泰照相馆拍摄中国第一部电影

　　中国人尝试拍摄影片，是在光绪三十一年（1905）的秋天，由开设在北京琉璃厂土地祠的丰泰照相馆摄制的。

　　丰泰照相馆的创办人任景丰，沈阳人，青年时代曾在日本学习过照相技术。光绪十八年（1892），他在北京开设的丰泰照相馆，是当时绝无仅有的一家，因此生意非常兴隆。后在前门外大栅栏开设大观楼影戏园，放映外国电影。因感于片源缺乏，产生了摄制中国影片的念头。正好那时德国商人在东郊民巷开设了一家祁罗孚洋行，专售照相摄影器材，任景丰便从那里购得法国制造的木壳手摇摄影机1架及14卷胶卷，开始拍摄影片。

　　丰泰照相馆拍摄的第一部影片，是由我国著名的京剧演员谭鑫培（1846～1917）主演的。谭鑫培为我国京剧老生表演艺术中"谭派"的创始人，戏路极为宽博，文武昆乱，无所不能。谭鑫培主演的第一部影片是《定军山》中"请缨"、"舞刀"、"交锋"等场面。谭扮黄忠，技艺精湛，动人地表现出古代名将的英雄气概。当时为了利用日光，影片的拍摄是在丰泰照相馆中院的露天广场上进行的。摄影师是该馆技师刘仲伦，前后拍摄了3天，共成影片3本。这部短片是我国最早的一部戏曲片，也是中国人自己摄制的第一部影片。我国第一次摄制影片就与传统的民族戏剧形式结合起来，这是很有意义的。

　　光绪三十二年（1906）以后，丰泰照相馆又在原地拍摄了《青石山》、《艳阳楼》、《收关胜》、《白水滩》、《金钱豹》等剧的片段。光绪三十四年（1908）还拍摄了小麻姑表演的《纺棉花》一剧的片段。为了适应无声电影的特点，这些戏曲片拍的都是一些武打和舞蹈动作较多或富有表情的场面。这些影片，先后都在北京的大戏院放映过，"有万人空巷来观之势"。光绪三十五年（1909），丰泰照相馆遭受火灾，机器设备毁于一炬，从此结束摄影业务。

中国最早的电影放映场所之一——北京西单商场文明茶园

吴沃尧创作谴责小说

晚清之际，清政府镇压戊戌变法，出卖义和团，内政官场腐败至极，外交软弱无能。具有不同程度改良思想的作家纷纷通过小说来抨击时弊，吴沃尧就是晚清四大谴责小说家之一。

吴沃尧（1866 ~ 1910），字小允，号茧人，祖籍广东南海佛山镇（今佛山市）人，自称我佛山人。《二十年目睹之怪现状》是吴沃尧的代表作，写于光绪二十九年（1903），成于光绪三十一年（1905）。全书通过主人公"九死一生"的经历为主线，从他奔父丧开始，至其经商失败终止，通过他20年间的遭遇和见闻，广泛揭露了从光绪十年（1884）中法战争前后至光绪三十一年（1905）左右清末社会的黑暗现实，并从侧面描绘出帝国主义的疯狂侵略。作品写了200来件"怪现状"，勾画出一个到处充斥着"蛇鼠"、"豺虎"、"魑魅"的鬼域世界。

小说开篇主人公遇到的第一桩怪现状就是贼扮官、官做贼，从而隐寓"官场皆强盗"的黑暗现实。主人公无意仕途，志在从商，因此，小说主要描写商界斗方名士、洋场才子的真本相，如李玉轩故作狂态以买名，唐玉生胸无点墨而故弄风雅，江雪渔有点技艺却大话瞒天等等。官场、洋场、商场中人沆瀣一气，集中体现了封建社会的纲常名教、伦理道德在金钱势力的冲击下土崩瓦解。作者还对士民社会做了淋漓尽致的描写。如"道学先生"符弥轩平素高谈仁义道德，却对抚养他长大成人的老祖父百般虐待。黎景翼图谋财物，逼死胞弟，又将弟妇卖到妓院。苟龙光杀父又奸娶父妾等等。作者通过社会种种丑怪现状的描写，真实地暴露了封建大厦将倾之际，人们精神生活的堕落。

作者在抨击社会弊病的同时，也提出了改良社会、重致富强的愿望。对内主张澄清吏治、改革弊端；对外，一方面要充实海防、边防，加强军事，另一方面要学习外国"讲究实学"的经验。

吴沃尧的另一部谴责小说是《痛史》，大致与《二十年目睹之怪现状》同时成书。作品演述南宋亡国历史，痛斥权奸贾似道等人的欺君误国，歌颂文天祥等人英勇抗敌的民族气节，借古鉴今，以激发当时形势下人们的反帝救国热情。

《九命奇冤》是一部公案小说，吴沃尧所写案件为清雍正年间发生的实事。它和以前的侠义公案小说不同，意在谴责社会，揭露官场黑暗和人情险诈。

吴沃尧是位多产的作家，他的长篇小说还有《恨海》、《新石头记》、《糊涂世界》、《劫余灰》、《发财秘诀》、《近十年之怪现状》等；短篇有《黑籍冤魂》、《立宪万岁》、《平步青云》等。总之，他借小说抒发对黑暗社会现实的不满，嘲讽鬼域世界的丑恶，题材广泛，手法丰富，在晚清小说界影响甚大。

同盟会举行起义

光绪三十二年（1906）起，同盟会在各地组织发动了多次起义。

同盟会成立后，便谋划在长沙流域联络会党，准备发动武装起义。由于湖南会党势力强大，又深受排满思想的影响，起义首先在湘赣边界爆发。起初同盟会派刘道一、蔡绍南从日本回湖南展开活动，在萍乡、浏阳、醴陵一带联络会党，成立了以龚春台为首领的洪江会。光绪三十二年（1906）十月十九日，龚春台发动萍浏醴起义，宣告推翻清专制政体，建立共和民国，实现地权平均。但不久起义被清军镇压，蔡绍南、刘道一等首领10人死难，会众万余惨遭杀害。这次起义影响深远，此后同盟会又在全国各地相继发动起义。

光绪三十三年（1907）四月十一日，黄冈起义爆发。仓促举事的起义军700余人于次日攻占广东潮州饶平县黄冈镇，擒杀当地清军首领。陈涌波、余既成以革命军正、副司令名义发布檄文，宣布同盟会宗旨。由于革命军起义仓促，主要领导人许雪秋尚在香港，内部意见纷纭，又未集中兵力迎敌，虽经多次激战，终因寡不敌众、粮械缺乏而于十六日解散。此次战役起义军战死94人，被捕60余人，余既成等逃亡香港。

同年四月二十二日，同盟会会员邓子瑜闻黄冈猝然举事，立即派人集合三合会党众，在惠州府归善县七女湖发动起义，起义军与清军激战10余日，屡败敌军。但由于黄冈起义失败别处并无响应，惠州革命军孤立无援，邓子瑜被迫在梁化圩解散队伍，将武器埋于地下。起义军大部分隐入罗浮山区，

1907 年同盟会黄冈起义时革命军誓师出发的情形

小部分逃亡香港。此后，同盟会又发起组织了一系列的起义，比较著名的有：光绪三十三年七月二十六日，同盟会员王和顺等发动的钦廉防城起义；同年十月二十七日，同盟会领导的镇南关起义；次年三月二日，同盟会黄兴领导发动的马笃山起义和四月一日发动的河口起义。上述起义在清廷优势兵力的镇压下，均先后失败。

地毯工艺勃兴

清代地毯工艺已形成不同特色的地方体系，得到了很大的发展。地毯生产仍以北方与西北地区为主，著名的有北京地毯、宁夏地毯、新疆地毯和西藏地毯。

北京地毯，即燕北地毯，晚清又称东陵地毯。其产品有宫廷制造与民间织造两种。

民间地毯构图严谨规矩，其标准格式是：四面用三道边围绕，四角有角云，中间一夔（团花）；或四角有拐子草龙，中间一夔；或中间配福、寿、五团花、折枝花及其他几何、器物图案。使用色线多则 10 多种，少则 5 种，常用色线是深蓝、浅蓝、月白、白色、驼色、铁锈红等。配色方法有正配（深地浅边）、反配（浅地深边）、透地配（边地同色）、素配（不同程度的同类色相配）、

彩配（不同色彩作系列相配或点缀相配）等；敷色以平涂为主，配色讲求暗中显亮。其工艺方法有抽铰和八字扣拴结两种。经线为棉线，纬线为羊毛，起绒高10毫米以上，栽绒直立，毯背坚实细密。宫廷地毯多由宫廷如意馆画师设计彩色小样，后交发毯坊制作。其构图式样比民间地毯更加繁复多样，富丽庄严，与宫殿室内装饰以及礼仪要求一致。

宁夏地毯采用质地优良的滩羊毛编造，其经纱、纬纱均用毛线，毯绒呈圈状，做工精细。

西藏地毯的特点在于色彩鲜艳。所用染料为当地所产红花。另有一种氆氇，用羊毛织出条纹，或用绞缬法制成十字纹、菱形纹等，质朴美观。

新疆地毯多用几何形骨架组成装饰图案，布满地毯全部装饰面。其经线用羊毛，纬线为棉线，并杂用丝绒，配色讲究"五色相间"，色彩鲜艳夺目。

1903年在美国圣路易斯城举办的"万国博览会"上，北京地毯荣获一等奖；1905年前后，北京地毯作坊增多。

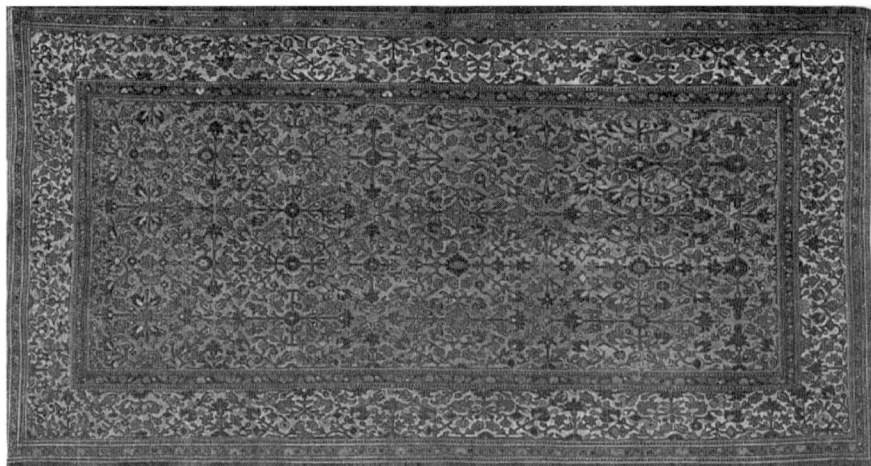

金线地花卉栽绒地毯。此毯由新疆传统的花卉图案组成严谨的四方连续纹样，花纹丰满，配色鲜明，编织细密，起绒短而平滑，耐磨力强，是清代新疆地毯的珍品。

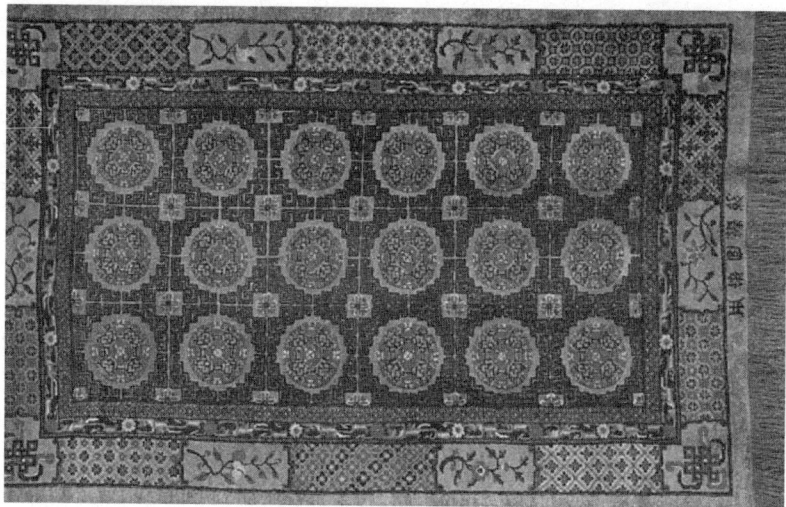

金线地几何团花栽绒丝毯。此毯具有甘肃宁夏织毯特点，构图均匀，色彩典雅，编织精细，剪绒较长而平整，结实耐用，是清代重要作品之一。

清廷实行宪政

光绪三十二年（1906），清王朝开始准备实行君主立宪制度。

维新变法失败后，慈禧太后废弃了一切新政。然而八国联军之役使清廷遭到空前的打击，且排满革命风起云涌，各省督抚和绅商亦对满清贵族专政渐生不满，君主立宪的呼声越来越强烈。为平息反清情绪，巩固其统治地位，慈禧乃派载泽等5大臣出国考察宪政，为君主立宪做准备。

光绪三十二年（1906）夏秋之交，出洋考察的大臣们先后回国，载泽等上奏：立宪可以永固皇位，减轻外患，内乱可弥。清政府遂于同年七月决定预备仿行立宪，从官制改革入手。次年又宣布筹备在中央设资政院，各省设立资议局，成立宪政编查馆，可是对具体的立宪日期却迟迟不加确定。朝廷颁诏后，顽固官僚们因立宪可无限期拖延而松了一口气，而真心立宪的人士则对清廷的敷衍态度十分不满，开始酝酿大规模的促进立宪运动。光绪三十二年十一月一日，张謇、汤寿潜联络江苏、浙江、福建三省绅商代表，在上海成立预备立宪公会。该会推举郑孝胥为会长，张謇、汤寿潜为副会长，以"奉戴上谕立宪，开发地方绅民政治知识"为宗旨。该会成立后，积极策划地方自治，发动国会请愿活动，扩大势力，俨然成为立宪运动的首领。国内第一个立宪政治团体——预备立宪公会的成立，促进了国内立宪运动的进一步发展。此后湖北、湖南、北京、广东纷纷成立了类似的团体，并在宣统二年（1910）兴起3次大规模的国会请愿运动，迫使清政府宣布缩短预备立宪期限并提前召开国会。然而，不等国会召开，辛亥革命爆发，清朝垮台，立宪终成泡影。

清廷在蒙古西藏实行新政

进入20世纪，出于新的形势需要，清朝政府不得不改变对蒙古、西藏的政策，在两地实行新政。

清朝的对蒙政策，最初是实行盟旗制度、封禁政策。鸦片战争以后，由于内外危机紧迫，清政府对蒙古的原有种种禁令，呈现逐步松弛的趋势。

1906年，清廷委派肃亲王耆善往内蒙古东部实地考察，筹办"新政"措施。而后，清政府在蒙古地区陆续推行了一些新的政策措施。其中主要有：开办银行；兴办工矿企业；增置机构等等。清末对蒙新政最主要的内容，也是给蒙古社会经济带来最大变化和影响的历史事件就是大规模的"移民实边"。清政府于1902年始对蒙古地区推行"移民实边"的政策，企图把汉区农民移入蒙区，开发蒙荒，并通过拍卖荒地来筹饷练兵，以充实边疆防务。据粗略统计，自1902年至1908年，内蒙古西部共垦丈757万余亩，东部哲里木盟七旗共放垦245万余晌。在新政改制潮流的影响和推动下，部分蒙古王公也在管辖境内实行一些改革措施。他们分别上奏朝廷，要求在蒙旗练新军、整顿旗政、兴工商、开矿修路、办学校等。

随着帝国主义对西藏的渗透、清政府在西藏问题上对列强的妥协政策及有泰等驻藏大臣的腐败无能，西藏的政治危机、边疆危机不断加深。为整顿西藏政务，1906年，清政府派张荫棠（？～1935）为驻藏帮办大臣，进藏"查办藏事"。

张荫棠进藏后，经过周密调查，参劾辱国丧权的驻藏大臣有泰及10余名满、汉、藏官员贪污腐化的罪行，清政府将有泰等人革职查办，任命联豫为驻藏大臣，由张荫棠筹办"新政"。

大清已成历史

张首先向清政府奏陈《治藏刍议》19条及《西藏地方善后问题》24款。他还建议在拉萨分设交涉、巡警、督练、盐茶、财政、工商、路矿、学务、农务九局，以重分工。这为后来西藏地方噶厦以下的机构组织划出一个轮廓。

张荫棠颁发《训俗浅言》，宣传汉族的伦理道德规范，另外还颁发《藏俗改良》，作为建设西藏，改革藏俗的指南。他在拉萨创办汉藏文报纸，设立学堂，传播改良主义和维新爱国思想，还亲自到大昭寺为藏族官员宣讲《天演论》和强种强国的救国之道。

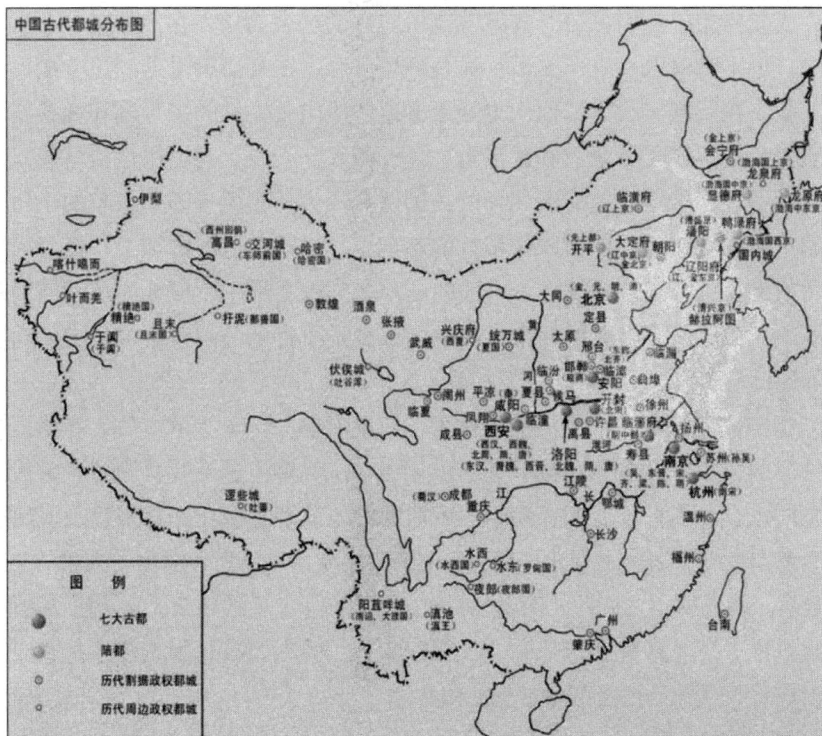

中国古代都城分布图。中国历代都城的嬗递，从一个侧面反映了历史和文明的发展、进步。一座都城就是一个朝代的缩影。昔日的古都，在大一统之后，虽然失去了都城的地位，但仍不失为当地的统治、文化中心。不少有过古都的历史城市，后来均成为各省的省会。

春柳社演出现代话剧

　　20世纪初，一些中国热血青年东渡扶桑，寻求救国之路。在日本，他们发现新派戏剧中富含民主精神，立即被深深打动，并于1906年成立"春柳社"，从事戏剧工作，创始人有李叔同、曾孝谷。

　　成立伊始，他们就公开宣扬戏剧所独有的社会功能，它不像图画，有形无声；也不像演说，有声无形；而是声情并茂，在社会舆论的制造方面，独树一帜。在戏剧实践上，他们也毫不逊色，演出了大量的多幕剧和独幕剧。代表作有《黑奴吁天录》和《热血》。《黑奴吁天录》完全用口语写成，是由曾孝谷根据林纾、魏易所翻译的美国斯托夫人的小说《汤姆叔叔的小屋》改编过来的，作者在保留原作精神的基础上，进行创造性的加工，极力突出了黑奴的反抗精神。《热血》讲述的是革命党人在狱中不停地同反动当局进行斗争，最后慷慨就义的故事，在中国留日学生特别是同盟会成员中引起了强烈的反响。

　　春柳社在日本的戏剧活动可称为"前期春柳"。辛亥革命后，春柳社员陆续回国，1912年初，以陆镜若、欧阳予倩、马绛士、吴我尊为主，又成立新剧同志会，亦称"后期春柳"。后期春柳与前期春柳在办社宗旨及演出风格上基本上没有太大的变化。他们以上海为主要活动场所，演出了大量的"有益社会、发人猛省之剧"。代表剧目有《社会钟》、《猛回头》、《运动力》、《宝石镯》、《家庭恩怨记》、《鸳鸯剑》、《不如归》等。在这些剧中开始出现阶级观念和社会革命思想的萌芽。

安庆起义失败徐锡麟、秋瑾牺牲

　　光绪三十一年（1905）八月，反清志士、光复会会员徐锡麟在绍兴创办大通师范学堂，招收各地会党头目入学，进行军事训练，学生入校即为光复会员，毕业后受校光复会领导人节制，藉以积蓄革命力量。次年，徐锡麟筹款捐官为道员，打算打入清政府，掌握兵权，相机起事。不久，徐锡麟在安徽试用，深得巡抚恩铭赏识，先后担任安徽武备学堂副总办、巡警处会办、巡警学堂监督。他利用合法地位，向学生灌输革命思想，准备起义。

光绪三十三年（1907）初，著名女革命家秋瑾到绍兴主持大通师范学堂校务，积极训练会党骨干，组织"光复军"，并与徐锡麟相约于六月初在皖、浙两省同时起义，然后分兵取南京，占江苏、安徽、浙东各省要地。不料五月初，绍兴会党过早暴露形迹，清当局四处缉拿革命党人，秋瑾将险恶情形通知徐锡麟。徐锡麟怕日久生变，遂决定趁巡警学堂举行毕业典礼时，杀死恩铭等大员，占领安庆，发动起义。二十六日毕业典礼上，徐锡麟突持双枪射杀恩铭，其余文武各官仓惶逃遁。徐立即率人占领军械局，不幸被清军包围，双方激战6小时后，徐锡麟等20余人被捕。徐锡麟在刑场上大义凛然，自称革命党首领专为排满而来，被清吏剖腹剜心杀害。同时，浙江巡抚张曾扬得奸人告密，立即派兵往绍兴缉捕秋瑾。六月三日，清军包围大通师范学堂，秋瑾知道徐锡麟就义后痛不欲生，拒绝避走，遂被清兵捕获。绍兴知府贵福连夜提审，秋瑾坚贞不屈，拒答讯问，写下"虽死犹生，牺牲尽我责任；即此永别，风潮取彼头颅"的绝笔书，牺牲时年仅31岁。

安庆起事，加速了长江流域革命势力的发展，给湖北革命党人极大的鼓舞。

秋瑾像　　　　　　　　徐锡麟像

中华药学会成为中国最早的学术团体

光绪三十三年（1907）冬季，在日本东京的中国留日研习药学的留学生王焕文、伍晟等人发起、成立了我国最早的学术团体——中国药学会。当时定名为东京留日中华药学会，提倡医药并重，组织学术交流，以推动我国药学教育、药学研究及制药业的发展。

1909年，学会在东京召开了第一届年会，王焕文担任会长。1910年后学会迁回北京。1912年召开第二届年会，改称"中华民国药学会"。1936年在南京举行大会并改名"中华药学会"。1942年抗日战争时期，在重庆重新组织了学会，更名"中国药学会"。1945年抗战胜利后，学会迁至上海。1909～1948年期间，学会共召开12次大会，先后建立了上海、杭州、南京、成都、永安（福建）、安顺（贵州）、北京、昆明、台湾等分会，会员共2000多人。自1936年起，学会还不定期出版《中华药学杂志》（1943年改名《中国药学会志》）、《医药学》、《药和化学》、《药讯期刊》等。

1951年学会会址再度迁至北京。1952年召开建国以来第一次年会。

中国药学会分别于1948年4月和1949年成立了台湾药学会及香港药学会。

俞樾只知著书

光绪三十三年（1907）十二月二十三日，近代著名学者俞樾逝世，享年87岁。

俞樾（1821～1907），字荫甫，号曲园，祖籍浙江德清。道光年间中进士，曾任翰林院编修、河南学政。后罢官寓居苏州，在紫阳书院主持讲学，晚年又到杭州诂经精舍讲学，著名国学大师章太炎就是他晚年的得意门生。俞樾长于经学研究，所著《群经平议》、《诸子平议》、《古书疑义举例》等书，均为乾嘉学派后期的代表作品。俞樾还写有大量的笔记，所著《春在堂随笔》、《茶春室丛钞》等，搜罗甚广，保存了丰富的学术史和文学史资料。他还很重视小说、戏曲剧本的研读，强调其教化作用，并将石玉昆所著的《三侠五义》改编成《七侠五义》。

俞樾一生著述不倦，成果颇丰。不仅善诗词，又工隶书，且学识非常渊博，对群经诸子、语文训诂、小说笔记等造诣很深，其作品辑为《春在堂全书》。当时，社会上有一句流传颇广的玩笑话，叫做："李鸿章只知作官，俞樾只知著书。"

清末北京西四牌楼的商业景观

江南举行联合运动会

光绪三十三年（1907），江南 80 多所学校联合在南京举行学校运动会，被称为"宁垣学界第一次联合运动会"，又称"江南第一次联合运动会"。

清后期的社会运动竞赛活动是从校际运动会开始的。最早的校际竞赛是光绪二十五年（1899）在天津北洋大学的总办王少泉和该校总教习英国人丁嘉立二人的倡议下，邀请天津水师学堂、电报学堂、武备学堂等校参加的校际运动会。早期的运动会主要项目是游戏、田径，同时带有军事特点。

江南第一次联合运动会的比赛及表演项目共 69 个，大致分为 5 类。第一是竞走：如夺旗竞走、写字竞走，实际上是赛跑游戏。第二是田径：包括持送铁弹、持竿跳高、跳高、跳远、100 码和 200 码赛跑等，属于国内较新的田径项目。第三是体操：如个人表演操、木棍体操、兵式体操等。第四是军事项目：如击剑、刺枪、赛马等。第五是其他游戏项目：如舞蹈、武术、拔河及各种球类运动。这次运动会基本上是以游戏、体操为主的日本式早期运动会，参赛学校多，运动员人数多，比赛项目多，在当时是规模最大的一次学校运动会，对我国学校运动的发展起到很大的推动作用。

光绪慈禧相继去世

光绪三十四年（1908）三月以后，自戊戌政变失败即丧失权柄与自由的光绪皇帝，因长期抑郁寡欢，且一直患有痨瘵痼疾，病情日趋恶化，到十月中旬，光绪皇帝已病入膏肓，御医诊断皇帝随时可能死去。慈禧太后遂于福昌殿召见军机大臣张之洞、世续、醇亲王载沣等人商议立嗣一事。慈禧太后欲立溥仪继嗣，并以溥仪生父载沣为监国摄政王。张之洞、世续怕出现光绪皇后垂帘听政局面，主张直接立载沣为帝。但慈禧太后认为同治、光绪已是兄弟相继，若再立载沣，三代均兄弟传承，史无前例。于是最后决定立溥仪继位。十月二十日，正式谕诏载沣为监国摄政王，其子溥仪入宫读书。二十一日，光绪皇帝终因心力衰竭而亡于瀛台涵元殿，慈禧太后即颁懿旨以溥仪为嗣皇帝。当年九、十月间，慈禧太后亦有咳嗽、肋痛、口渴、舌干及肢体倦怠无力等症状。光绪皇帝病逝之日，慈禧太后开始不思饮食。翌日午时，太后刚用过饭，忽然晕过去，为时甚久。

河北遵化清东陵中慈禧寝陵隆恩殿前的陛石，凤在龙之上的图案是帝后关系错位的具体反映。

醒后，太后自知末日将至，便急召光绪皇后、监国摄政王，赋予摄政王载沣有裁定政事之权。是日（十月二十二日），慈禧太后病死于中海仪鸾殿。二十五日，载沣等定建元年号为宣统。十一

宣统元年（1909）中元节，清廷在东华门外祭奠慈禧。

月九日，举行溥仪登基大典。先由载沣抱着溥仪在中和殿接受侍卫大臣们叩拜，继而在太和殿龙椅上接受文武百官朝贺，并定翌年（1909）为宣统元年。

张之洞、盛宣怀建成中国最早的钢铁联合企业——汉冶萍公司

19世纪末20世纪初，张之洞、盛宣怀先后建成中国最早的钢铁联合企业——汉冶萍公司。1889年，张之洞在两广总督任内曾在广州筹设炼铁厂，同年调任湖广总督，改在湖北设厂炼铁。经3年筹建，于1893年9月在大别山下建成汉阳铁厂，全厂包括生铁厂、贝色麻钢厂、西门士钢厂、钢轨厂、铁货厂、熟铁厂等6个大厂和机器厂、铸铁厂、打铁厂、造鱼片钩钉厂等4个小厂。共用白银500万两，全由官费所出。然因计划不周，所购炼钢设备不适于炼制含磷较高的大冶铁矿的矿砂，所炼钢料无法用于铁路铺轨。又因湖北煤矿不适于炼焦，燃料问题也无法解决，钢铁生产遂陷于困境。

1896年4月，盛宣怀以轮船招商局、电报局、中国通商银行等筹资100万两，接办汉阳铁厂，改为官督商办。1898年再集资100万两在江西萍乡开采煤矿，解决了燃料问题。又改用马丁炉改造全厂冶炼设备，以制造钢轨，至1907年

1900 年祝大椿在上海创办的华兴面粉厂

完成。1908 年，合并汉阳铁厂、大冶铁矿、萍乡煤矿，改为商办汉冶萍煤铁厂矿股份有限公司（简称汉冶萍公司）。至辛亥革命前后，共集股份 1316 万元。有炼铁炉 3 座，炼钢炉 6 座，年产生铁约 8 万吨、钢近 4 万吨、钢轨 2 万余吨；大冶铁矿年产铁矿砂 36 万吨；萍乡煤矿年产焦炭 17 万吨。盛宣怀在改造汉冶萍公司过程中，过分依赖外资外债，一再向德国、日本借贷，并以矿山等作抵押，致使所产铁矿石、生铁、焦炭等大量输往国外，而本公司则缺乏原料和燃料，无法维持正常生产，更无所盈利。日本势力乘机渗入，不久即控制了汉冶萍公司。

汉冶萍公司直至第一次世界大战始有盈余。抗战时期，汉阳铁厂部分冶炼设备内迁重庆，萍乡煤矿部分设备拆迁广西，其余被日军侵占。

制新民律商律

1907 年 6 月，民政部大臣善耆向清廷奏请制定民法，同年九月，宪政编查馆正式把民法的编纂作为一项任务列入修律计划。次年十月（1908 年 10 月），修订法律馆聘请日本法学家松冈义正为顾问，开始起草民法。宣统元年二月（1909 年 2 月），又因内阁侍读学士甘大璋所请，将民律中与礼教牵涉较多的亲属、继承二编，改由礼学馆起草，然后会同修订法律馆，一起商定。

修订法律馆和礼学馆在起草过程中，一方面"采用各国新制"，广泛吸收大陆法国家民法的一般原则和具体规定，一方面"或本诸经义、或参诸道德、或取诸现行法制"，即从中国传统的礼教民俗中摭取相应的规范。至宣统三年八月（1911年9月），民律总则、债权、物权、亲属、继承五编相继完成，共37章，1569条。修订法律馆将两部分合在一起，定名曰《大清民律草案》，并将前三编缮成黄册，奏请交内阁核订。后二编准备会同礼学馆商定后，再行奏进。这些工作尚未进行完毕，清朝便已灭亡。

民律草案前三编以日本、德国、瑞士民法为渊源，采取私有财产所有权不可侵犯、契约自由、过失致人损害应予赔偿等资产阶级民法的基本原则。民律草案后二编虽然也采纳了一些资产阶级国家的法律规定，但更注重吸收中国的礼教民俗。然而《大清民律草案》前后未能贯通一气，资本主义的原则和封建的内容杂沓并存。

鸦片战争以后，中外贸易的增加和近代工商业的发展，产生了对商法的迫切需求。1902年3月，清廷发布制律令，1903年3月，派载振、伍廷芳、袁世凯拟订商律，同年7月成立商部。1904年1月，颁行由《商人通例》和《公司律》组成的《钦定大清商律》。1905年5月，颁行由商部起草，沈家本、伍廷芳二人共同定稿的《破产律》。1908年10月，修订法律馆聘请日本法学家志田钾太郎起草《大清商律草案》。

庚子赔款退还促进留美

光绪三十四年（1908），美国政府决定退还部分庚子赔款。这笔总数约为10785286美元的退款，规定用作资助中国留美学生的经费。经中美双方协议，从拨还退款第一年起，头4年里中国每年遣派100名学生赴美留学；从第5年起，每年至少续派50名。

自光绪七年（1881）留美幼童中途撤回以后，中国留美教育一直处于低温状态，从彼时至光绪二十六年（1900）的20年间，留美人数仅15人。从光绪二十七年（1901）起，清政府在实施政治、军事、文化、教育等方面的改革过程中，陆续颁布了一些有关留学教育的法令和章程，使得留学教育逐步规范化。清政府逐步增订奖励游学的条例，允诺留学生学成归国后将分别得到进士出身或举人出身的奖赏。经过一系列法令章程的实施及新学制的颁布，留学教育日渐发达起来。

伴随着留日热潮的出现，留学欧美也吸引着许多人。留美教育开始复苏的光绪二十七年，留学生人数增至 12 人，到光绪三十三年（1907）增至 69 人，这无疑也是得益于清政府鼓励留学教育的政策。

庚子赔款给赴美留学带来了新的契机。宣统元年（1909），中国游美学务处在东城侯拉胡同的一所民房里正式成立。学务处立即起草了《游美学处暂行章程》及其《附则》，并于次年将游美肄业馆改建为清华学堂，培养送美留学的学生。

清华学堂位于京西清华赐园旧址，学堂分为初、高两等级，学额 500 人，学习年限为初等 4 年、高等 4 年。每年定额招生，高等科参用美国大学课程设置。学生预备选送赴美留学，而未被选送出国的，则留馆修习各种专门学科。所以，渐渐地，清华学堂不限于留美预备学校的专一职能，而具有了常规学校的性质。

宣统三年（1911），游美学务处制定了报考清华学堂的章程和《清华学堂章程》，至此，留美预备教育的体制大体成型。

宣统元年（1909）八月，游美学务处成立后还立即举办了选拔首批留学生的考试，630 名考生中有 47 人被录取；次年又从 400 多人中选出 70 人赴美留学；宣统三年再送 63 人留学。同年还有 12 名十一二岁的幼童考中，并于 1914 年赴美读中学。

用庚子赔款所实施的留美教育，固然是西方资本主义国家对中国进行文化渗透的一种有效手段，但毕竟对中国留学教育产生了积极的影响。

长沙出现抢米风潮

宣统元年（1909）春夏间，湖南各县暴雨成灾，大批饥民逃往长沙。翌年春，湖南巡抚岑春煊等官吏、地主豪绅、外国洋行及奸商乘缺米之机，竞相抢购谷米，囤积居奇，并将大量粮食运往邻省，牟取暴利。当时长沙饥民无数，人多粮少，粮价一日数涨，有百姓购粮无着，愤而全家投水自杀。消息传出，民众愤极，要求减低米价禁止奸商外运谷米，但官府对民众呼声置之不理。三月三日，长沙百余饥民捣毁抬价的碓房，迫使善化县令郭中广答应于次日开仓平粜救济饥民。但官府次日却失约捕人，激起民众义愤，沿途会集万余饥民冲到巡抚衙门口，高喊口号，要求减价粜米，并捣毁衙门设施。当夜，长沙城内外各碓坊碓站之米被抢劫一空。岑春煊下令军队开枪，当场打死20余人，伤40余人。饥民毫无惧色，徒手与清军搏斗。群众愈聚愈多，两日间迅速发展到2万多人，捣毁米店，焚烧巡抚衙门，还捣毁焚烧了外国教堂、公司、洋行、驻华领事馆、邮局等等。巡抚岑春煊走避，清军开枪镇压，民众又有死伤。九日，英、美、日、法、德各国派军舰闯到长沙，配合清军镇压饥民，逮捕数百人，饥民伤亡不计其数，舆论大哗。湖南全省沸腾，各地群众相继而起响应长沙。清政府被迫罢免岑春煊，出示公告平粜济民，长沙抢米风潮遂逐渐平息。

孙诒让研究小学

光绪三十四年（1908），清末经学家、校勘训诂学家、古文字学家孙诒让去世。

孙诒让（1848 ~ 1908），字仲容，号籀廎，浙江瑞安人。同治六年（1867）乡试中举，任官不久即称病还乡，专心著述。善于利用古籍中的有关资料研究金文。其治学的主要成就是整理古籍和古文字研究。古籍整理方面的代表作有《周礼正义》（1905）、《墨子间诂》（1894）和《札迻》（1894）等书。古文字方面的著作主要有《古籀拾遗》3卷、《古籀馀论》2卷、《契文举例》2卷和《名原》2卷。《古籀拾遗》刊行于光绪十四年（1888），订正了宋代薛尚功《历代钟鼎彝器款识法帖》、清代阮元《积古斋钟鼎彝器款识》和吴荣光《筠清馆金文》这3种金文著录书中的考释错误。《古籀馀论》于1903年写成，但直至1929年才刊行。它订正了清吴式芬《捃古录金文》中的考释错误。《契文举例》于1917年由罗振玉影印出版，是中国最早的一部研究甲骨文的专著。《名原》写成于光绪三十一年（1905），刊行于民国初年，是孙诒让研究甲骨、金文成果的总结，探索了汉字的原始情况、历史演变和演变原因，代表了清代古文字学的最高水平。

南社成立

南社成立于 1909 年 11 月 13 日，社名取"操南音不忘其旧"之意。发起人为同盟会会员陈去病、高旭和柳亚子。活动中心在上海。社员总数 1180 余人。1923 年解体。

1907 年 8 月 15 日（旧历七月七日），陈去病与吴梅、刘季平等 11 人于上海愚园集会，组织神交社。1908 年 1 月，柳亚子与陈去病、高旭等在上海决定成立南社。1909 年 11 月 13 日，南社在苏州虎丘张国维祠举行第一次雅集，陈去病、柳亚子、朱锡梁、庞树柏、陈陶遗、沈砺、朱少屏、诸宗元、景耀月、林之夏、胡颖之、黄宾虹、蔡守等 17 人出席，其中 14 人为同盟会会员。会议宣告南社成立，选举陈去病为文选编辑员，高旭为诗选编辑员，庞树柏为词选编辑员，柳亚子为书记员，朱少屏为会计员。1911 年，绍兴、沈阳、广州、南京等地相继成立越社、辽社、广南社和淮南社。

南社成员欢欣鼓舞地迎接武昌起义。淮南社发起人周实、阮式等在故乡淮安率众响应，被清政府杀害。柳亚子等以上海《天铎报》为据点，撰文和南京临时政府机关报《民立报》论战，反对妥协，主张北伐，彻底推翻清朝政府。这一阶段是南社最有光彩的时期。

民国初年，南社发展顺利，社员遍布全国各地许多报馆。在反袁斗争中，南社社员牺牲的除宋教仁外，还有宁调元、杨德邻、范光启、程家柽、吴旸、仇亮、陈以义、陈其美、陈子范等。南社积极搜集他们的文稿、诗稿，为他们作传，借以表彰革命精神。1917 年，正当张勋复辟前后，南社内部因对"同光体"的评价而发生争论。姚锡钧、胡先骕、闻宥、朱玺等吹捧陈三立、郑孝胥等遗老诗人，柳亚子、吴虞则持激烈的批判态度。由此引起内讧，1923 年 5 月，柳亚子等另组新南社。

清蜡笺，为清宫用品，五张一卷，有大红、橙黄、天蓝、淡黄、紫红等色，背面洒金。

《申报》改由中国人所有

1909 年，《申报》中方经理席裕福购进该报产权，从此，《申报》为中国人所有。

《申报》原名《申江新报》，由英商美查于 1872 年 4 月 30 日创刊于上海。初为隔日报，第 5 期起改为日报，是一张以牟利为主要目的的商业日报，由中国人出任主笔。内容上注意迎合不同读者的需要，较为丰富。重视引进和采用西方通信、印刷等方面的先进科学技术和报业管理经验。

为了向读者及时提供更多的信息，该报重金聘请特约访员。该报创刊不久，就在杭州设立了第 1 个外埠通讯点，以后又陆续增设，在北京、天津、南京、汉口、福州、广州、长沙、四川等省市和香港建立起通讯网络。该报十分注重利用当时先进的通讯设备来加速新闻的传递。1881 年，上海至天津的有线电报开通。次年 1 月 6 日，《申报》就刊出由天津访员发至上海的电讯稿。

席裕福购进《申报》后，基本沿袭过去的风格，未作大的改进，只是国内新闻注重报道清政府的各项"新政"措举和立宪派在各地的活动。1912年，张謇、史量才、赵竹君、应德宏、陈冷5人合股接办《申报》，次年起由史量才独资进行。史量才接办后，业务大有起色，更新了印刷设备，扩建馆舍，成为著名的大报。

1930年，《申报》馆设立总管理处，进行了一系列改革，邀请爱国进步人士黄炎培、陶行知、戈公振进报馆设计部。1931年九·一八事变后，《申报》反对国民党一党专制，主张实行宪政，要求抗日，大力宣传宋庆龄、蔡元培等人发起组织的"中国民权保障同盟"的活动，独家发表宋庆龄的《国民党不再是一个革命集团》的重要宣言。改革副刊"自由谈"，聘黎烈文任主编，大量发表鲁迅、茅盾、巴金等进步作家的作品。从1932年7月起至1933年底，兴办了申报流通图书馆、申报妇女补习学校等多种社会公益事业。此外，还出版了《申报月刊》、《申报年鉴》，使报纸发行量由初创时的600份增加到15万份（1932年），在社会上产生广泛影响。1934年，史量才被国民党反动派杀害，《申报》言论趋向保守。1941年12月上海"孤岛"沦陷后，《申报》在日伪控制下出版。抗战胜利后被国民党接收，成为ＣＣ派报纸。1949年5月上海解放时《申报》停刊。

《申报》是旧中国第一大报，所载内容涉及社会、政治、经济、军事、文化等各个方面，是研究中国近代史的"百科全书"。《申报》在中国近代报刊业务改革上经常处于领先地位，影响极为广泛，在中国近代新闻出版史上占有重要地位。

中国地学会成立

宣统元年（1909），当时任天津北洋女子高等学校校长的张相文，为了发展中国地学，和好友白毓昆等一起，于天津河北第一蒙养院创建中国地学会，1912年会址迁至北京。

张相文（1867～1933），字蔚西，中国现代地理学先驱者之一。他所创建的地学会，有其独特的活动宗旨和特点。

　　一是旗帜鲜明，爱国当先。张相文目睹当时国弱民穷的现状，心存忧患，亟欲唤起民众，特别是想通过地学知识的传播和爱国思想的宣传，使国民提高认识，以求达到强国富民、振兴中华的目的。二是广泛团结，不拘一家。张相文不抱成见，把各方面的、志同道合的人士吸收入会，为了共同目的，团结一致，共同奋斗。当时，直隶提学使傅增湘、北洋大学校长蔡儒楷等官员、教育界及实业界知名人士、知名学者都是学会的积极支持者，有的还担任学会的重要职务。三是旧学新知，兼容并包。从地学会的组织来看，张相文善于引进年轻有为的新人，领导地学会向崭新的方向发展。四是承先启后，积极开拓。张相文领导的中国地学会，一方面继承和挖掘我国故有的文化遗产，一方面大力加强与外国的联系，以便沟通信息，扩大交流，开拓学术研究的新局面。五是经世致用，联系实际。张相文主张探求有益于国计民生的学问，希望地学联系实际，能够解决一些实际问题。中国地学会在扭转地学发展方向、引导地学研究途径方面，发挥了重要作用。

清代翠玉白菜，以一块天然玉石巧妙雕琢而成。白菜象征清白，菜叶上攀爬的一对"蝈蝈儿"象征子孙众多，是一件吉祥之物。

135

总之，中国地学会不仅是我国最早有组织有计划的地学学术团体，而且也是在辛亥革命前成立的少数科学团体之一。

冯如制成飞机

宣统二年（1910），冯如所制双翼飞机试飞成功。

冯如，广东恩平人，生于光绪九年（1883），因家境贫寒，自幼即随亲眷赴美国，在旧金山和纽约等地做工谋生。在纽约工厂里，他刻苦钻研，掌握了不少机械技术、机械学知识及电学理论。光绪二十九年（1903），莱特兄弟发明的飞机试飞成功，冯如深受影响，遂立志从事飞机制造。光绪三十二年，冯如回到旧金山，开始钻研飞机的设计和制造。在旅美华侨的热心资助下，冯如于次年在旧金山以东的奥克兰制造飞机，并于宣统元年（1909）建立了广东飞行器公司，同年制成一架飞机。八月八日，冯如驾机在奥克兰试飞成功，美国新闻界报道了这次试飞的消息。宣统二年，冯如又制成一架当时世界上性能较先进的双翼飞机，从八月末开始试飞和表演，飞行高度310米，时速105公里，大获成功，受到孙中山的赞许，成为我国第一个航空设计师和飞行员。

宣统三年(1911)正月，冯如拒绝了英美各国的重金聘请，与助手携带两架飞机回国，并准备将设在美国的广东飞行器公司迁回广州，企图发展祖国的航空事业。但由于当时的清廷对航空事业毫无兴趣，使冯如的一腔爱国热情化为泡影。辛亥革命时，宣布独立的广东军政府曾组织飞行队，冯如被委任为队长，准备率机北上参战。但因南北议和、清廷逊位而作罢。1912年8月25日，冯如在广州的一次飞行表演中因飞机失事，不幸牺牲。遗体安葬在广州先烈路黄花岗烈士陵园。为了表彰冯如的功绩，国民政府追授其为陆军少将军衔，并立碑纪念，尊名"中国创始飞行大家"。

汪精卫谋刺摄政王

宣统二年（1910），汪精卫因谋刺摄政王被判终生监禁。

同盟会成立后，革命党人频繁起事，但屡遭挫折、失败，渐生悲观情绪，于是许多人开始热衷于进行暗杀清廷要员的行为，认为只有冒险成功，才能"挽回党人的精神，使灰心者复归于热，怀疑者复归于信"。从此暗杀行动此起彼伏，以吴樾炸5大臣首开其端，而以汪精卫刺杀摄政王载沣达到高潮。汪精卫（名兆铭），广东番禺人。青年时留学日本，加入同盟会，曾任《民报》主编和同盟会南方支部

汪精卫像

书记，因革命艰难，遂萌暗杀之志，与黄复生等人组织暗杀团。宣统二年（1910）二月，汪精卫等潜入北京，策划在什刹海旁的甘水桥炸死摄政王载沣。由于他们的预谋被当局侦破，汪精卫等被捕入狱。开始被判处死刑，但清政府后来认为杀一二人亦难阻革命，不如慢慢软化，遂判其终生监禁。辛亥革命以后，汪精卫等获释出狱。

清廷另立达赖

宣统二年（1910）正月，清廷欲另立达赖。

西藏十三世达赖由北京返藏后，开始靠拢英国，疏远清廷中央政府。当时驻藏大臣联豫在西藏推行政治改革，并请中央速派川军入藏巩固边防，以

达赖行使权力用的金印

资弹压。川军入藏，导致清中央政府与西藏上层关系的急剧恶化。宣统二年（1910）正月，川军击败藏军的最后抵抗，进入拉萨。这时达赖尚无逃亡的决心，待川军在城内开枪殴伤人命，造成秩序大乱后，达赖才在英国人的怂恿下，从拉萨逃亡印度，寻求英国人的庇护。此后，英国利用达赖，放手策动西藏脱离中央政府。达赖逃亡后，清廷于宣统二年正月宣布革去十三世达赖喇嘛名号，并令驻藏大臣另找灵童代替之，结果引起藏民的一致反对。清廷鉴于情势严重，乃收回成命，并派人劝达赖回国，但是毫无结果。辛亥革命后，达赖才在英国的保护下返回西藏。

广州起义

宣统二年（1910）正月三日，同盟会会员倪映典发动广州新军起义。

倪映典（1884～1910），一名端，字炳章，安徽合肥人。1904年，他弃医从戎，考入安徽武备学堂，次年加入岳王会。随后至南京进入江西陆军学堂炮兵科，毕业后充新军第九镇炮标队官，并参加同盟会。光绪三十四年（1908）秋，因与熊成基密谋安庆起义事泄，避走广州，由赵声推荐担任广州新军炮兵排长。倪映典在广州新军中积极开展活动，宣传三民主义，揭露清廷暴政。到宣统元年（1909）冬，广州新军及下级军官的半数以上加入同盟会，革命党人认为组织一场大规模起义的条件已经成熟，决定在次年（1910）

正月十五日举行起义。不料当年十二月三十日，一新军士兵因与警察发生冲突而被捕，次日，又爆发大规模的军警冲突，新军群情激奋，要求立即起义。突发事件打乱了同盟会的预订起义计划，只得提前起义。倪映典于宣统二年正月二日从香港赶回广州，三日枪杀一营管带齐汝权，宣布起义，自任总司令，率新军2千多人分3路进攻广州。义军由沙河向大东门进军时与清军在牛王庙遭遇。清军发炮轰击，起义军伤亡惨重。倪映典拒绝清水师提督李准的请降后，中弹牺牲，义军伤亡百余人，遂向燕塘溃退，清军四出搜捕，起义军先后被捕百余人，逃到香港百余人，起义失败。

罗振玉开拓甲骨金文研究

　　罗振玉自青年时起酷好金石考订之学，生平著述130余种，刊印书籍400多种，对中国的甲骨金文研究作出了开拓性的贡献。

　　罗振玉（1866～1940）字叔蕴，一字叔言，号雪堂，浙江上虞人。15岁中秀才，当过塾师。曾在上海创办农学社、东文学社，并出版《农学报》。光绪二十八年（1902）任南洋公学虹口分校校长。光绪三十年（1904）创办江苏师范学堂，任监督。光绪三十二年（1906）奉召入京，任职于学部。思想顽固守旧，主张恪守旧制，反对任何改革。辛亥革命后，逃往日本，以清朝遗老自居，图谋复辟。九·一八事变后，参预制造伪"满洲国"的活动，曾任监察院院长等职。

　　罗振玉平生搜集和整理甲骨、铜器、简牍、明器、佚书等考古资料，均有专集刊行。在甲骨金文研究方面的代表作是《殷虚书契前编》和《三代吉金文存》。《殷虚书契前编》是最重要的甲骨集之一。宣统二年（1910），罗氏作《殷商贞卜文字考》时，全国所见甲骨不过数千，罗本人收藏七八百片。他命古董商赴安阳搜集，先后所见达3万片。从中选编《殷虚书契前编》20卷，至宣统三年告成。在《国学丛刊》第1～3册连续用石印发表了前3卷，共有甲骨294片。辛亥革命后罗到日本，重编《殷虚书契前编》8卷，1913年在日本出版印行，1932年又在上海重印，共有甲骨2229片，所收比20卷本略有增加。1914年，罗把所藏甲骨及字细难拓的小片甲骨编为《殷虚书契菁华》

甲骨文

1卷，共收甲骨68片。1916年，又选录所藏《前编》未收者为《殷虚书契后编》2卷，共收甲骨1104片。1933年，罗再把平时所得各家甲骨拓片编为《殷虚书契续编》6卷，共收甲骨2016片。

《三代吉金文存》共20卷，收录传世的殷、周青铜器铭文拓片4835件，从食器到兵器20余类，分别按铭文字数之多少排列，搜罗颇富。但分类略显不当，且无图像说明。

罗振玉平生整理、记集、出版的甲骨金文著作，保存了大量甲文金文研究资料，为后来学者提供了巨大方便，开拓了中国甲骨金文的研究，在中国古文字研究史上占有重要地位。

第一届全运会举行

宣统二年（1910年10月），上海青年会借南京筹办南洋劝业会之际，假劝业业场，发起组织了一次较大规模的运动会——"全国学校分队第一次体育同盟会"，后称"第一届全运会"。

这次全运会为期5天，观众达4万多人，以华北（京、津）、华南（港、粤）、华中（武汉）、吴宁（苏州、南京）和上海共5个区为参赛单位，运动员共计140名。其中华北队20名，华南队28名，武汉队21名，吴宁队31名，上海队40名，分别佩带青、紫、黄、蓝、红5色的佩带以示区别。竞赛项目有田径、网球、足球和篮球，田径又分为高等组、中等组和全国各校联合比赛组进行比赛。每组每项取前3名，以5、3、1计分，依次奖金、银、铜牌。此外，大会还奖励得分最多的锦标队银杯1个。由于大会对各组运动员资格的限制并不严格，因此参加高等组亦可参加中等组比赛。比赛结果，获高等组第一名的是上海队，第二名华北队，第三名华南队。获中等组第一名的是华北队，第二名华南队，第三名上海队。学校联合组第一名是圣约翰大学，第二名南洋公学，第三名天津青年会日校。华南队获足球冠军，华北队获篮球冠军。圣约翰大学的学生囊括了网球前4名，但未决赛。

虽然这次运动会被称为首届全运会，但参加的代表队多数是沿海少数城市的学校队。这反映出当时体育发展的不平衡状况。此外，这次大会的发起和组织者主要是青年会的外籍体育干事，大会的重要文件及比赛术语等多为英文，比赛也按英文规则执行，清末体育半殖民化特征由此表露无疑。但应该肯定的是，这次运动会所设的项目主要是田径和球类，说明了田径和球类活动在当时已得到了一定的重视和发展。而且这次运动会又使人们进一步认识和了解到这些项目的活动特点和比赛规则，对全国各地的田径、球类活动都有较大的促进作用，也为后来参加远东运动会等大型运动会奠定了基础。

章黄学派总结传统小学

中国近代著名学者章炳麟和他的弟子黄侃，在汉语言音韵训诂研究领域，长期耕耘，成就蜚然，提出了许多独创性的见解，自成一派，在汉语言音韵训诂学研究史上具有重大意义。

晚清时期，传统"小学"在经过乾嘉学者的大力发展后，进入了总结阶段。在西学的影响下，章炳麟第一次将"小学"明确改称"中国语言文字学"。标志着现代语言文字学的诞生。

章炳麟9岁开始习诵儒家经典，22岁到杭州诂经精舍师从俞樾学习经史小学，后又接受西方语言学理论的影响，不仅精通传统小学，而且把传统小学的研究和西方语言学理论结合起来，在使传统小学摆脱经学的附庸地位、成为独立的语言科学方面起了巨大作用。他的主要著作包括《文始》、《新方言》、《小学答问》、《国故论衡》等等。

章炳麟在总结传统小学时，建立了一套在中国语言学史上前所未有的理论体系。这套体系包含以下几个部分：第一，语言文字发生发展的理论。他提出先有物然后有言语，其后才有文字，而文字则是一种区别物象的符号，先由图画而起，渐渐由繁而简，并依孳乳之规律而发展。第二，汉语和汉字形音义结合的理论。其中汉字形音义统一论，是章炳麟语言文字学的基本方法论。第三，语言文字进化、统一的理论。包括社会盛衰决定语言文字的进化或退化说、语言文字发展不平衡说、方言的差异与统一说等。

章炳麟这一整套语言文字学的理论体系，既吸取了明末清初顾炎武等人以来清代小学的最佳成果，又受到了 20 世纪初迅速传入中国的世界科学先进方法的启迪和影响，因而能在继承中创新，不仅为旧的经学小学作了全面总结，而且为新的语言文字学的创建和发展构筑了框架。

黄侃（1886 ～ 1935），字季刚，号量守居士，湖北蕲春人。师从章炳麟，先后在北京大学、东南大学、武昌高等师范学校、金陵大学担任教授。长期从事学术研究，著有《声韵通例》、《尔雅略说》、《尔雅郝疏订补》、《文心雕龙札记》等书。

黄侃在音韵学领域主要提出三个观点：一是古韵分 28 部。他继承前人的研究成果，吸取戴震入声独立的见解，采用古韵三分法，把古韵定为 28 部。晚年又提出闭口韵平入各分三部的见解；二是古音分 19 纽。在前人研究的基础上，黄侃认为凡是在一、四等韵（即古本韵）中出现的声纽就是古本纽，共有 19 个；三是古音上声作平声。他还认为在《诗经》时代没有上声，《广韵》上声在《诗经》时代与平声是同一个声调。

文华公书林向社会开放

1910 年，M.E. 韦棣华在其创建的武汉华林文华学校阅览室的基础上，扩大馆舍，开设文华公书林，作为文华中学、文华大学学校图书馆，向社会开放。学校师生和社会人士均可借阅图书。馆内设编目室、参考室、阅览室、报纸杂志室、书库、研究中国的外文书籍专藏室等。图书以当时世界上较为流行的《杜威十进分类法》进行分类。所收藏图书，据 1918 年盘查，计中文书籍 1012 种，11771 本；外文书籍 6704 本。每季阅览人数 7238 人。

文华公书林还开展多种形式的图书宣传活动，组织名人讲演，发展读者队伍等。已具有现代公共图书馆的雏形。1920年，文华大学设立图书科，成为该专业的实习图书馆，学生协助管理。后又成为武昌文华图书馆学专科学校的图书馆。对中国图书馆事业的发展起了积极的作用。

黄花岗起义

　　宣统三年（1911）三月二十九日，同盟会在广州起义，伤亡惨重，全国震动，是为"黄花岗起义"。

　　同盟会领导的起义屡遭挫败，部分革命党人精神上渐生失望。孙中山坚守革命必胜信念，于去年十月，在槟榔屿召集同盟会骨干及南洋和东南各省代表秘密会议，决定在广州再次起义。会后，孙中山、黄兴等亲自到华侨中募捐，集得港币19万元，遂派人到日本购买武器。十二月，黄兴、赵声等到香港组成了起义领导机关统筹部，黄兴被推举为部长，赵声为副长。除分派革命党人前往长江流域联络反清革命团体响应外，即着手发动广州新军、防营、巡警及番禺、南海、惠州等地会党参加起义。他们以同盟会会员为骨干，精选出一支由800人组成的先锋队，在广州设立了秘密据点38处。

　　本月十日，统筹部拟定十五日起义，分10路进攻广州。由于温生才刺杀广州将军孚琦，广州戒严，起义被迫延期。二十五日，黄兴潜入广

黄花岗72烈士墓

143

州，于本日起义。黄兴率一路进攻总督衙门；另一路攻广州北小门，接应参加起义的新军进城；第三路守大南门；第四路袭取巡警教练所。黄兴率120余名先锋队员攻入总督衙门，张鸣岐逃走。起义军纵火焚烧了总督衙门，继续前行。在东辕门外，起义军与清广州水师提督李准卫队遭遇，展开激烈巷战，战斗持续了一昼夜，伤亡重大，最终被清军击败。黄兴伤右手，断两指，仍坚持指挥，直到只剩孤身一人时才躲入一家绸布店，经同志护送到香港。林时爽、林觉民等70余人死难。事后收殓遗骸72具，合葬于黄花岗。这次起义，是孙中山领导和发动的最后一次起义，震动了全国，直接刺激了长江流域的革命运动。

《东方杂志》大改良

　　宣统三年（1911年1月），《东方杂志》从第8卷第1期起实行从外观到内容的全面"大改良"。

　　《东方杂志》于光绪三十年（1904年3月11日）创刊于上海，32开本，每本10多万字，由商务印书馆编辑出版，负责人是徐珂。由于创刊初期正值日俄战争，故该刊内容大多为一些社论和从其他报章上所摘录的一些时论、政事、要闻、诏书和奏折，以"启导国民、联络东亚"为出版宗旨，极力宣扬对外联日抗俄和对内君主立宪。

　　1911年，《东方杂志》进行"大改良"。首先，在外观上，由以前的32开本，每本10多万字改为16开本，每本20万字。纸张全部采用洁白报纸，装订方法采用西方装订。其次，在内容上，取消诏书和奏折等官方文件，按照现代学科分门别类，包括文学、历史、哲学、工业、商业、理化、博物等，文章大多由当时学术界的大家撰写，使得该刊具备很强的学术性和可读性，成为现代化的综合刊物。另外，每期的卷首都用铜版复制了4到10幅外国同期刊物上的精美图案。改良后的《东方杂志》与同时期的其他刊物相比，字数更多，装潢更精美，但售价却相对较低，因此在读者群中享有很高声誉，受到普遍欢迎，销售量高达1万份以上，这在当时的杂志中是不多见的。

　　"大改良"以后，《东方杂志》对时事发展持密切注视的态度，相继发表出版了一批配合时局动态的好文章，如 1919 年五四运动后，刊出大量介绍社会主义新思潮的文章，1932 年，刊出一批介绍苏联社会主义、揭露德、意、日法西斯势力猖獗的文章，特别是 1937 年抗日战争爆发后，系统地论述"持久战、运动战、游击战"等战略对策，号召全民联合抗日。

　　1937 年抗战爆发后，《东方杂志》先后迁往长沙、香港、重庆等地，1945 年 8 月抗战胜利，又迁回上海，直至 1948 年底停刊，前后历时 45 年，共出版了 44 卷，是中国近代史上刊行时间最长的大型综合性刊物。

杨文会振兴佛教

　　清末，佛教寺院僧团势力不断衰退，与此同时，居士佛教却对佛学复兴发挥了越来越重要的作用，成为当时佛学的主流。杨文会便是其中最著名的人物。杨文会（1837～1911），字仁山，安徽石埭人，出生于仕宦之家。从小研读诗书，长大后又练习骑射击刺之术。太平天国时，因"襄办团练"深得曾国藩、李鸿章赏识。1863 年父亲逝世后，他开始研读《大乘起信论》、《楞严经》，被佛教深深吸引，以后倾心于佛教研究，曾力辞曾国藩、李鸿章的聘任。他常与其他居士一起讨论佛学，刊刻单行本藏经广为发送。光绪二十三年（1897）在南

清菩提叶绘观音像。观音不仅是楚楚动人的女性形象，"仙境"中亦出现浓郁的生活气息。

京延龄巷住处设"金陵刻经处"，4 年后将房产捐给刻经处作为永久产业。他专心从事佛经刻印流通工作，前后刻成佛典 3000 余卷，带动了上海、北京等

145

地的佛经发行工作。

1879年，杨文会受邀出访英、法，得知许多散失佛经在日本尚有保存，回国后便托人搜购200余种回国刊行，使唯识、华严等宗许多绝灭多年的著作重见天日，激发了佛学界的研究兴趣。光绪二十年（1894），他与西方传教士李提摩太将《大乘起信论》译成英文，推动了佛教向西方传播。光绪三十四年（1908），他创办佛教学堂"祇洹精舍"，开近世创办佛教学堂风气之先，影响巨大，曾培养名僧太虚和著名居士欧阳渐，谭嗣同、章太炎也曾向杨文会学佛。宣统二年（1910），杨文会在南京创立佛学研究会，在《佛学研究会小引》一文中指出清末佛教衰落的事实。

杨文会毕生从事佛教理论研究工作，留下大量著述，主要有《大宗地玄文本论略注》、《佛教初学课本》、《十宗略说》和《论语发隐》等一系列《发隐》作品。他的佛学著作多基于对传统经典的阐述传播，而一系列《发隐》则是佛化儒学、佛化道家之作。

保路运动兴起

宣统三年（1911）四月，湘、鄂、川、粤4省掀起保路运动。

皇族内阁成立，激起中国人民普遍不满，对清政府彻底绝望。宣统三年（1911）四月十一日，清政府悍然宣布铁路国有政策。声称干路均归国有，支路准各省绅商集股自修。如有违抗，即照违制论。二十二日，邮传部大臣盛宣怀与英、美、法、德四国银行团正式订立《粤汉川汉铁路借款合同》二十五项，借款600万英镑，将光绪三十一年（1905）中国人民争回的路权再行出卖。光绪三十、三十一年川汉、粤汉铁路收回后，清政府已定为官督商办。四川、湖北、湖南、广东4

四川成都辛亥（1911）秋保路死事纪念碑

省铁路公司到宣统三年已筹集资金4千余万两,除广东全部为商股外,其他3省则募集了大量民股。所谓民股,即由地方政府在税收项目下附抽米捐股、盐捐股、房捐股等。特别是四川、湖南两省,清地方当局还"按亩派捐",使广大农民负担沉重,许多"无产可破者,至鬻子以相应",这种捐股在两省股款中,占了很大比重。因此路权的得失,涉及4省持有股票的地主、商人、资产阶级和广大城乡劳动人民的利益,致使这4省民众的反清保路斗争愈演愈烈。

本月,保路运动首先在湖南爆发,粤、鄂两省响应。次月,川省股东在成都开会,成立四川保路同志会,宣示"拒借洋款,废约保路"。保路运动迅速扩大到4省,引起全国瞩目。七月,清政府派端方率军入川镇压,并命川督赵尔丰解散同志会。赵尔丰诱捕同志会首领薄殿俊,枪杀请愿群众,制造"成都惨案"。八月,吴玉章在荣县宣布独立。各路保路同志军包围成都,把四川保路运动推向高峰。

亲贵内阁成立

宣统三年(1911)四月,清廷设责任内阁,以奕劻为总理大臣,是为"皇族内阁"。

自颁布预备立宪诏书后,立宪派开始敦促清政府成立责任内阁,速开国会。清朝王公贵族唯恐鼎祚潜移,而欲藉立宪之名以行集权之实。

清廷诏令裁撤军机处、会议政务处等机构,颁布新订内阁官制,设责任内阁。摄政王载沣任命庆亲王奕劻为内阁总理大臣,由他筹组新内阁。新内阁旋即成立,奕劻(皇族)为内阁总理大臣,那桐和徐世昌为协理大臣;下设外务、民政、度支、学、陆军、海军、法、农工商、邮传、理藩等10部,以耆善、载泽、载洵、荫昌、绍昌、溥伦、寿耆、梁敦彦、唐景崇、盛宣怀为各部大臣。是为"皇族内阁"或"亲贵内阁"。

皇族内阁一经产生,即引起舆论界的广泛不满。立宪派发表《宣告全国书》,批评清政府"名为内阁,实则军机,名为立宪,实则专制"。待辛亥革命爆发,清政府屈从于袁世凯的压力,只得把皇族内阁解散。

沈心工配制学堂歌曲《革命军》

辛亥革命时期，著名的学堂乐歌音乐家沈心工配制了一首学堂歌曲《革命军》，这是一首具有爱国主义和民主主义思想的作品，也是他的代表作之一。歌词共 4 段："吾等都是好百姓，情愿去当兵，因为腐败清政府，真正气不平。收吾租税作威福，牛马待人民，吾等倘使再退缩，不能活性命。……"表现了当时人们反封建的革命意志，革命者豪迈、无畏的气概和斗争的决心。

沈心工（1870～1947），名庆鸿，号叔逵，字心工，上海市人。早年就读于南洋公学师范班，随后在其附小任教。光绪二十八年（1902）游学于日本，并创办"音乐讲习会"。1903 年回国后继续任教于南洋公学附小，从 1911 年起任校长达 27 年之久。同时还兼任务本女塾、龙门师范、沪学会等处的乐歌课。

沈心工在乐歌创作和早期音乐教育方面贡献突出。他用乐歌向青少年宣传民主、爱国思想，鼓励青年努力奋发，且反帝反封建的意识较鲜明。这类作品除《革命军》外，还有《国胞同胞需爱国》、《革命必先格人心》、《缠足苦》等。还有许多是反映儿童天真活泼的性格、嬉戏的情景，传授生活常识、文化知识，并从中进行道德、品质教育的作品，如《地球》、《旅行歌》等。他在配制学堂歌曲的同时，也开始进行歌曲创作，如《黄河》（杨度作词），全曲"沉雄慷慨"。

沈心工特别注重学校音乐的教育作用和音乐教学法的运用，1904 年编译出版了日本石原重雄所著的《小学唱歌教授法》；1904～1907 年编写出版了《学校唱歌集》共 3 集，这是我国近代最早的音乐教科书，影响很大；1913 年编有《民国唱歌集》4 集出版。1936 年他将编创的乐歌，编选出版了专集《心工唱歌集》。

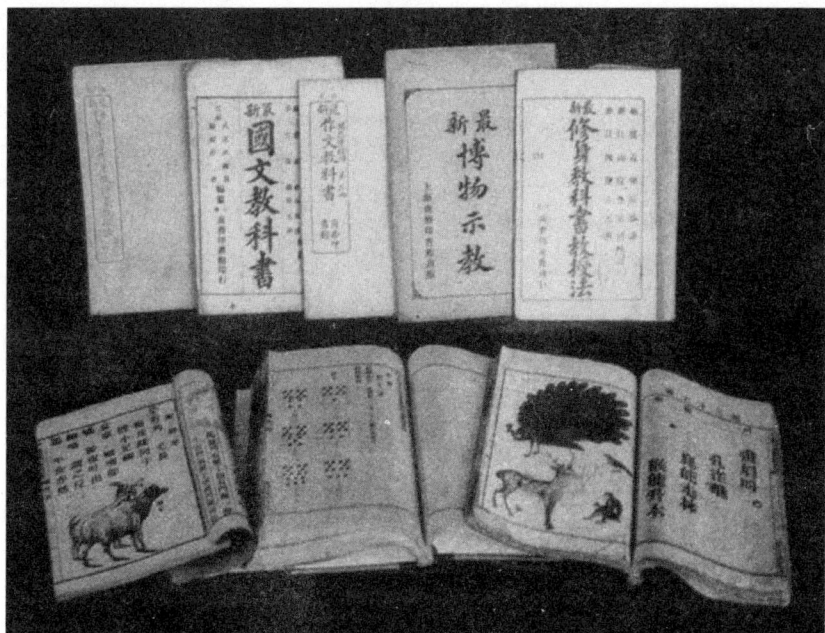

1904年出版的中小学课本

武昌起义·各省光复

　　宣统三年（1911）八月十九日，湖北革命党人发动武昌起义，各省响应，纷纷宣布独立。

　　湖北武汉位处9省通衢之地，战略地位十分重要。自科学补习所成立以后，革命党专注运动新军。经过不懈努力，革命党在新军中的势力已蔚然可观。时黄冈起义引起全国震动，保路运动风起云涌，革命时机成熟。宣统三年（1911）八月三日，湖北革命团体共进会与当地新军中的秘密革命组织文学社合并，同时建立领导起义的机构。文学社首领蒋翊武为总指挥，共进会首领之一孙武为参谋长，他们对在武昌发动起义进行了部署。只因被邀为统帅的黄兴迟迟未到，一直引而未发。

　　昨日，孙武在汉口俄租界制造炸弹爆炸，起义总机关迭遭破坏。湖广总督瑞澂在武汉三镇大肆搜捕革命党人。本日晚革命党人被迫提前起义，工程

大清已成历史

孙中山像。1911 年 12 月 29 日，17 省代表在南京开会，宣布独立，选举孙中山为中华民国临时大总统。

辛亥革命武昌首义的重要遗址——起义门（原为中和门）

第八营熊秉坤等首先率领新军举事，晚上 7 时，士兵程正瀛打响了第一枪，熊秉坤带工兵营迅速占领楚望台军械库。其他各路军中革命党闻枪而动，按原定部署，向各自的目标发起攻击。二十日清晨，总督衙门被攻克，瑞澄逃至楚豫号兵舰，第八镇统制张彪逃往汉口，武昌遂为起义者占领。二十一日，汉阳、汉口均告光复。时孙武、蒋翊武等革命党首领逃亡在外，新军协统黎元洪被推为都督，组织湖北军政府，宣告湖北独立。

武昌起义后，清王朝统治者惊恐异常。宣统三年（1911）八月二十一日，清政府即谕令派陆军两镇，由陆军大臣荫昌督师南下；令海军提督萨镇冰率海军溯江而上；令程允和率长江水师会集武汉；又命河南巡抚宝棻派新军 52 标赴汉口，与张彪残部汇合，共同围剿武汉起义军。八月二十七日，武汉保卫战拉开序幕。九月七日，清军经大智门攻入汉口市区，革命军依断墙残垒与清军展开巷战，九月十一日，汉口沦入清军之手。十月一日，清军向汉阳发起攻击。汉阳于十月七日失守。长达一个半月的武汉保卫战虽以失败告终，但牵制了清政府大部分精锐部队，使各省相继光复，对全国革命形势的发展，做出了极大的贡献。

武昌起义后，湖南、陕西、山西、云南、江西、贵州、湖北、江苏、广西、安徽、福建、广东、四川等 14 省相继宣布独立，形成全国规模的辛亥革命。武昌起义最终导致了清王朝的灭亡。

中华民国军政府之印

1911 年 10 月 11 日，起义军占领武昌全城后，
建立湖北军政府。

孙武像

蒋翊武像

孙中山手迹。中国民主革命的先驱孙中山将中国传统的"大同"治国思想变成了"天下为公"
的政治行为准则与实践。

151

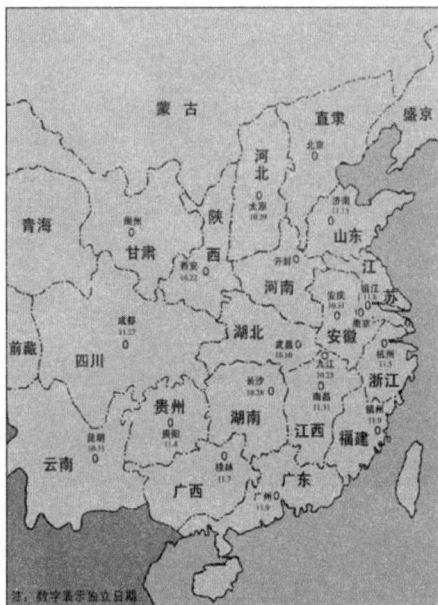

武昌起义及各省宣布独立图

武昌起义军使用的大炮

武昌起义军政府旧址

1911 年 10 月 22 日，革命党人在长沙起义。图为起义军在长沙城头缴获的大炮。

大清已成历史